这样说话，下属信服你

潘鸿生▲编著

CFP 中国电影出版社
2018·北京

图书在版编目（CIP）数据

这样说话，下属信服你 / 潘鸿生编著．—北京 ：
中国电影出版社，2018.3
ISBN 978-7-106-04899-0

Ⅰ.①这… Ⅱ.①潘… Ⅲ.①语言艺术－通俗读物
Ⅳ.①H019-49

中国版本图书馆 CIP 数据核字（2018）第 046993 号

策　　划：刘爱国
责任编辑：宋　楠　刘爱国
封面设计：刘爱国
版式设计：司博文
责任校对：柴一兵
责任印刷：庞敬峰

这样说话，下属信服你
潘鸿生　编著

出版发行　中国电影出版社（北京北三环东路22号）邮编 100013
电话：64296664（总编室）　64216278（发行部）
64296742（读者服务部）　E-mail：cfpygb@126.com
经　　销　新华书店
印　　刷　香河利华文化发展有限公司
版　　次　2018年5月第1版　2018年5月第1次印刷
规　　格　开本/787 毫米×1092 毫米　1/16
印张/18　字数/200千字
印　　数　1-5000册
书　　号　ISBN 978-7-106-04899-0/H · 0038
定　　价　39.80元

前　言

领导，众之首也。讲话，心之声也。不管是哪一个行业或哪一个层级的领导都是一个群体或团体行动的筹划者、指挥者、领路人和代言人。任何领导要想把下属带领好，把事处理好，把物管理好，就必须导之于言而施之于行。

著名领导力大师沃伦·本尼斯曾说："领导者与常人的区别在于，领导者能够把握说话的技巧。"作为领导，必须出入各种公众场合，用得体的语言进行谈判、演讲，说服他人，激励员工，和各种人打交道，而这一切都离不开说话的艺术。可以说，领导讲话贯穿于领导活动和领导过程之始终。离开了领导讲话，领导活动是无法实现的，同样，不善于讲话的领导者也是不可能实现其有效领导的。

说话水平是衡量一位领导者素质和能力，或者说在社会地位和成就上有多大潜力的重要标准，是促使事业成功的重要因素之一。领导者的口才不仅能表现领导者的才干、气度和魄力，而且还能提升领导者在人际交往、员工管理、事业发展等各个方面的能力。

在市场竞争中，唯有整合团队的力量，群策群力，共同拼搏，才是成功取胜之道，这在当今各行各业中已是普遍的共识。领导者要成功经营一个高绩效的团队，没有良好的语言沟通技巧是不可想象的。西方有位哲人曾经说过：“世间有一种成就可以使人很快完成伟业，并获得世人的认识，那就是讲话令人喜悦的能力。”对于领导者来说，优秀的语言沟通能力对于信息的交流、情感的沟通、建立广泛而友好的人际关系，发挥着举足轻重的作用。领导者如果能够心平气和地说服下属，就能获得下属的拥戴与支持，就能在管理的岗位上如鱼得水。

“哪里有声音，哪里就有力量；哪里有口才，哪里就有了战斗的号角，就有了胜利的曙光。”口才之于领导者，好比氧气之于生命。很难想象，一个口才欠佳的领导者，如何在工作环境中支撑局面，稳步攀升，成为万众敬仰的人。作为领导者，在我们羡慕别人讲话获得到振臂一呼、应者云集的效果时，羡慕别人能通过言之有物、言之有序、言之有理、言之有情的当众讲话取得号召力、感染力、影响力时，就要思考如何掌握各种讲话技巧。俗话说“临渊羡鱼，不如退而结网”，我们只有掌握了讲话技巧，才能在新时期、新形势下提高领导能力，从而为展觅得一片更加广阔的新天地。本书选取了大量日常工作中鲜活、新颖、贴切的事例，介绍了领导者如何与下属交谈的技巧，语言通俗、生动，实战性和可操作性强，为各级领导在较短时间内迅速提高说话水平、培养语言风格、树立领导风范提供了有效的指导方法。

目　　录

第一章　练就好口才，提升领导力

第二章　掌握说话技巧，做受欢迎的领导者

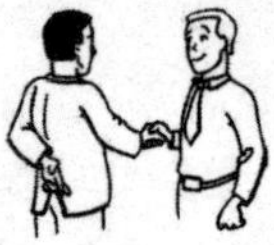

第五章 怎样批评，下属才愿意听

第六章 说服有方，和下属说话要有说服力

第七章 融洽关系，处理矛盾的语言技巧

第八章 言之有物，领导这样演讲最有效

第九章 怎样开会，领导主持会议的语言艺术

第一章

练就好口才，提升领导力

会说话是一种领导才能

语言传达的不仅是一种信息，更是一种力量。作为一个当代领导者，善于运用语言的艺术，不仅对领导活动的有效开展和领导目标的顺利达成产生重要影响，而且对领导者树立良好的个人形象至关重要。

美国前总统尼克松曾经说过：“凡是我所认识的重要领袖人物，几乎全都掌握一种正在失传的艺术，就是特别擅长与人作面对面的交谈。我认为这个共同点也并非偶然。领导即说服。一位领导人如果不能在交谈时吸引人、打动人，那么，他大概也说服不了人，因此也未必能成为领导人……麦克阿瑟的精彩的独白，戴高乐的雄辩的演说，吉田的善于自我嘲讽的幽然，周恩来的有着诗意的谈吐……听着这样的言谈，人们会不禁对说话的人的智慧产生莫大的敬意，这种印象是成功的领导人建立他的权威和发挥他的说服力的方式之一。”美国人类行为研究者汤姆士也指出：“说话的能力是成名的捷径。它能使人显赫，鹤立鸡群。能言善辩的人，往往使人尊敬，受人爱戴，得人拥护。它使一个人的才学得到充分拓展，熠熠生辉，事半功倍，业绩卓著。”他甚至断言：“发生在成功人物身上的奇迹，一半是由口才创造的。”

领导者作为社会经济发展的引导者、指导者，一切具体工作最终都要通过语言来完成。主持会议、布置工作、接待来访、社交活动、发表演说等，都离不开口才。而且口语表达能力的高低，将直接影响这些活动效果的好坏。因此，讲话水平是衡量一位领导者素质和能力，或者说在社会地位和成就上有多大潜力的重要标准，成为事业成功的重要因素之一。

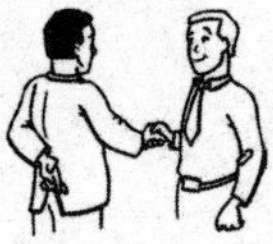

在领导过程中，领导者的口才起着重要的沟通作用，可以说是领导者必备的素质之一。“二战”初期，法西斯头目阿道夫·希特勒就是巧妙地运用了他那三寸不烂之舌，煽动广大不明真相的德国人支持他发动了可耻的侵略战争，并使自己最终走上了一条不归路。同样也是因为一段声情并茂的即席讲话，美国战时总统罗斯福获得了民众对其带领美国与日本进行决战的一致支持，并最终取得了对日战争的彻底胜利。

所以，能说会道、能言善辩、口才卓越的领导者，正越来越显示出一种独特的优势。正如美国口才教育专家戴尔·卡耐基所说：“一个人的成功，15%取决于知识和技术，85%取决于沟通——发表自己意见的能力和激发他人热忱的能力。”

领导活动关键是通过语言来传达执行的。不管是哪个行业或哪个层级的领导者，都指挥和代言着一个群体或团体。实践表明，会说话是一个领导者不可或缺的重要资本。这是因为，领导者要想把人带好，把事情办得好，把物管理好，就必须导之于言而施之于行。也就是说，领导者讲话贯穿于整个领导活动和管理过程，离开了讲话，活动将无法实现，而不善于讲话的领导者也不可能实现其有效管理。

第二次世界大战时期美国人把“舌头”、原子弹和金钱称为获胜的三大战略武器，进入21世纪又把“舌头”、金钱和电脑是为经济发展和社会进步的三大战略武器。这个比喻虽有牵强之嫌，但也不无道理，起码代表了两个时代的主要特点，而在这两个比喻中，“舌头”（即语言）能独冠于三大战略武器之首，可见其价值非同小可。因此我们每一个领导者都应清醒地认识到语言表达能力的重要性，进而更好地掌握这个随身携带、行之有效、战无不胜、攻无不克的神奇武器。

在现实生活中，话不投机，言辞不到位，方法不当，激化矛盾，把事情搞糟的例子不少；不善于了解下属心理，不善于运用语言技巧，不讲方式方法，不看对象、场合，滥发议论，使下属把领导者的话当耳旁风的也不乏其例；好心不被人理解，善意得不到好报，以其昏昏，使人昭昭，不善于做深入细致、入情入理的思想工作，其结果事倍功半的例子也屡见不鲜。诸如此类，无不与领导者的语言表达技巧有着直接的关系。

口才是反映领导者综合素质的一面镜子。讲话水平高，符合时代发展要求，体现领导者具备一定的政治思想水平和文化水平；符合企业或组织实际情况，体现领导者熟悉情况，作风务实，体现领导者具备良好的作风和态度；能够激发和调动下属积极性，体现领导者具备良好的人格魅力。这样的领导者才受下属欢迎。其实，从严格意义上说，领导者的讲话水平，不仅仅代表领导者个人的形象，也代表一个企业、一个团体或组织的形象。

对领导者而言，其工作就是向下属表达意图，传达指令，与下属进行思想上的交流。领导者说话水平的重要性，就在于能引起共鸣，使下属听懂指令、听进道理，激发下属工作的积极性和创造性，推进各项工作的发展。作为一名领导者，说话艺术欠佳，发言水平不高，领导者就会在下属面前丢面子、掉链子、跑调子。如果是一般人，一两句话说漏了嘴，说跑了题，可能无关紧要，但领导者就不一样了，轻者下属会认为没水平；重者会失职、失身份，产生严重影响，甚至犯错误。因此，领导者的说话能力对于推动工作，展示个人魅力，顺利完成各项任务都有着非常重要的作用。

提到苹果公司，相信许多人都不陌生吧。苹果电脑在20世纪80年代初期风靡美国和世界市场，最兴盛时曾经占据了美国电脑市场8%的市场。

但是在1977年，当时的世界第二大计算机公司，即数字设备公司的创建人和首席执行官奥尔森听到乔布斯提出自己的发展方案时，他反对说，没有一个人在家里需要计算机。

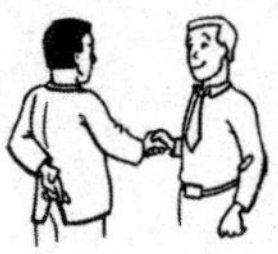

然而，史蒂夫·乔布斯却坚持认为，个人电脑将是一个极具潜力的事业。于是，他说服沃兹尼亚克两人共同创建了“苹果电脑公司”。他们推出了配有鼠标的麦金托什个人电脑，他虽然认识到个人电脑将会具有广泛的市场，而且下定决心要做个人电脑出售给需求巨大的用户，但他没有钱，怎么办?

乔布斯不愧是一个演说天才，他凭借着自己高超的说服能力，向人们表述自己关于企业远景、企业现状和存在问题的看法，希望大家支持他的观点或做法。在他的游说下，他说服了一部分顾客先付钱定购电脑，然后用这些资金来购买设备；之后他又说服了多位供应商，先免费提供生产个人电脑的原材料，等到电脑售出之后再付款。

就这样他筹到了生产个人计算机的钱，经过他的巧妙经营，很快，苹果公司的规模迅速扩大，一个白手起家的创业者自此走上了成功之路。

乔布斯创办苹果公司的事例告诉我们，作为一名成功的领导者，良好的口才是一项非常重要的素质。

领导工作能否做好，说话是关键。马雅可夫斯基说：“语言是人的力量的统帅。”在当今这样的信息时代、文明社会，领导者者无论是开会讲话、上传下达，还是交际应酬、传递情感，都需要用语言交流。衡量一个领导者是否有力量，这种力量能否变现出来，在很大程度上要看他的说话能力。领导者精湛的口语表达能力，在实际工作中具有不可估量的魅力和伟大。

领导者如同战场上的将军，是激励部属的核心人物，也是决定事业胜败的关键因素。任何一个组织、一项事业，都离不开一个指挥全局的统帅。在现代社会里，领导者起着承上启下的作用，他的绝大部分时间是在与人用语言交流。领导者讲话是行使领导职能及进行商务活动必不可少的。它与领导者所承担的工作职责和领导地位密切相关，好的口才是领导者必须具备的能力和素质。讲话水平的高低，直接关系到领导工作的成效和领导者的威信。所以说，良好的口才是领导者成就大事的关键。

卓越口才成就卓越领导力

口才是一种技术，更是一门艺术。所谓口才，顾名思义就是口语交际的才能，换句话说，也就是善于讲话。古希腊的一个寓言之所以把舌头比作怪物，是因为它能用最美好的词语来赞誉人，也可以用最恶毒的言辞来诅咒人，它能把蚂蚁说成大象，也能把小丑说成国王。所以，我们才有“良言一句三冬暖，恶语伤人六月寒”的古老俗语。

随着经济社会的迅猛发展，会说话在当今社会生活的各个领域，正起着越来越举足轻重的作用，而口才对于个人的重要性也已经被全社会所认同。特别是在经济全球化和信息化深入发展，好口才对于中国各个阶层的领导人员来说，已成为不可或缺的重要资本。

试想一下，你是否曾面对过如此尴尬的情境：当需要当众发表就职演说时，心脏骤然间怦怦乱跳、冷汗直冒、手脚发软、牙齿打战，紧接着脑子一片空白，现场气氛尴尬到极点，到处弥漫着失望的气息；当需要你率领下属应对市场的严峻挑战时，却怎么也唤不起众人的力量；当深陷于纷扰的关系时，却难以把握协调关系、赢得信任的良机……

也许这时，你会发现：自己完全没有说话的才能。这对于一位领导来说，简直是一种致命的缺陷!

身为领导，说话的能力是必不可少的。领导说话水平高，大至影响一个

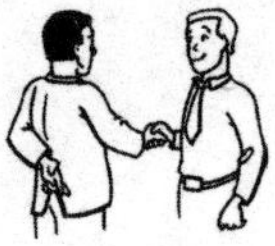

国家的富强，一个政党的兴旺，以及一个地区经济社会的快速协调发展，小至影响一个企业的发展前景，一个团队的内部和谐，以及一个部门工作效率的高低。

在工作运行过程，领导者大部分是以语言为媒介的，可以说，讲话水平体现在领导者行使权力的全过程中。讲话水平的高低，是领导能力的直接体现，也体现着领导魅力的强弱。笨嘴拙舌的人往往当不好称职的领导者。如由于领导者方法不当，因为语言激化矛盾，把事情搞糟的事例大量存在；不善于了解员工心理，不善于运用语言技巧，不讲方式方法，不看对象、场合，无法树立自己领导威信的也不乏其人；好心不被人理解，善意得不到好报，不善于做深入细致、入情入理的思想工作，将好事办成坏事的例子也屡见不鲜。如此等等。从这一意义上说，领导者讲话与一般人讲话是不可同口而语的。所以，领导者要使自己的语言表达起到吸引人、折服人、教育人、感召人、激励人、影响人的作用，就必须善于研究语言艺术，形成自己的语言风格。这是一个领导者做好领导工作必备的一门基本功。

公元前 206 年，刘邦登基做了皇帝，史称汉高祖。一天，为了庆祝胜利， 他大摆酒席，宴请群臣。当酒兴正浓的时候，汉高祖说：“各位，我想借此 机会请教一个问题：我们是怎么得天下的，项羽是怎样失天下的？”

王陵第一个发言，他说：“陛下赏罚分明，有功必赏，有过必罚，使大家都能尝到甜头，得到好处，因此，人人都乐于为您冲锋陷阵。而项羽呢， 却偏偏嫉妒有才能的人，谁有本事就怀疑谁，打了胜仗不给记功，得了土地 不给人奖赏，因此，他遭到了失败。”接着，大家你一言，我一语，发表自 己的看法。

汉高祖听了群臣的议论，笑着说：“你们的话也对，也不对。你们只知其一，不知其二。要知道，成败的关键全在于用人啊。你们看我有什么特别高明的地方呀！论出谋划策，运筹帷幄，争取千里以外的胜利，我比不上张良；论治国安民，筹措粮草，我比不上萧何；论指挥军队，统兵打仗，攻必克，战必胜，我比不上韩信。我之所以能统一天下，并不是由于我个人有什么超人的才能，只不过是善于用人罢了。像张良、萧何、韩信等这些杰出的 人才，我能够了解他们，信任他们，使用他们，所以才得了天下。项羽和我恰恰相反，他嫉贤妒能，刚愎自用，连一个范增都不能用，岂能不亡？”

众臣听了他这精辟的分析，说：“陛下说得对极了。”

卓越的讲话能力能在人身上造就“奇迹”，这种能力能够使人脱颖而出。美国前总统尼克松曾经说过：“领导力即说服力。”作为一位领导者，要不断提高自己的讲话水平，使自己在万众瞩目之下，身处各种场合之中，面对各种对象之时，都可以树立超凡出众的形象和应有的权威。

据说某局长有一次做报告这样开头：今天嘛，开这个会喽！这个，啊——本来嘛，没什么讲的。可是这个，总要讲几句嘛，这风气不正啊，应该反对的。你没什么可讲，为什么走上讲台来？既浪费时间，又浪费精力，啊，公私两害，所为何来呢？不如放半天假，大家高兴。(打火、吸烟、沉默良久)没什么准备，这个，啊——昨天下午才确定要来讲，晚上看了个戏。这个这个，今天在车上，翻了翻简报。厚厚一大叠哩，只看了几篇的标题。我在这方面是个外行，既没调查，也没有研究。今天，啊——我的卷子怕是不及格，弄不好，也许要交白卷啦(开始喝茶)……

开场白兜了那么大圈子还未涉及正题，这一大堆话，有意义的信息几乎等于零。报告者对自己讲话的意图表述不清，听众不知所云，给台下的人留下了“极不敬业、极没水平”的印象。这种讲话浪费时间，让人生厌，不仅没有发挥领导口才的作用，还给领导“抹黑”。

领导者，众之首也。领导者要实现有效的、成功的领导，必须充分利用好领导环境，导之于言而施之于行，最大限度地引导和调动被管理朝着既定的目标共同努力。而要引导和调动别人，成功沟通和积极鼓动的语言是重要的手段。

一个领导者的说话能力，常常被当作考察领导者综合能力的重要指标。能言善辩、口才卓越的领导者越来越显示出一种独特的优势，他们在各个领域因口才能力的有效发挥，而充分施展着自己的才干，并给自己的事业注入更多的成功因素。

当今社会是一个开放、进取、高速发展的信息时代，机遇与挑战、困难与希望，是摆在每个领导者面前无法回避的课题，非凡的时代需要非凡的领导者，非凡的领导者又离不开非凡的口才。缜密的思维与卓越的口才，是每一位立志进取的领导者成功人生的催化剂和加速器。

总之，说话与事业的关系至为密切，它是领导者思维和智慧的载体，是领导者胜任本职工作最重要的条件之一。因此，领导者必须拥有良好的口才，才能在工作中左右逢源大显身手。

掌握领导者说话的基本要求

语言是随着为满足表达和交际的需要而产生的，具有社会性、工具性和符号性，其初始形成就是说话。古今中外的领导者，对语言的功用历来都十分重视。“一言可以兴邦，一言可以丧邦”、“一言之辩，重于九鼎之宝”、“三寸之舌，强于百万之师”等古语，把国之兴亡与巧辩的力量紧密联系起来，借“九鼎之宝”、“百万之师”比喻说话的力量，充分揭示了语言巨大的社会作用。

著名领导力大师沃伦·本尼斯曾说：“领导者与常人的区别在于，领导者能够把握说话的技巧。”从某种程度上说，优秀领导者大多具有良好的口才，他们懂得春风化雨，用温暖得体的语言去感召下属，在“润物细无声”里达到领导的目的。而这种借助口才的高妙的领导艺术，会在领导活动过程中，进一步融洽领导者与下属之间的人际关系，为彼此共同的工作创造良好的人际环境。而人际环境的和谐、舒畅，又能动地反作用于人的工作积极性，促进工作热情。如此的良性循环，这是每一个领导者所梦寐以求的。

任何领导都是一个群体或团队的管理者。这个群体或团队可以是几人或十几人，可以是几十或上百人，也可以是几百或几千人……领导者面对这个群体或团队，要经常发号令、下指示、做总结，为实现领导目标统一思想、理顺情绪、鼓舞士气、总结经验、提高认识……而这一切工作的开展和落实，自始至终离不开口才。可以说，领导活动的顺逆成败，领导绩效的大小高低，与领导口才有着十分密切的联系。一个领导者要想树立自己的成功形象，增强自己的影响力，必须努力提高自己的口才能力。

作为领导，讲话必须掌握以下一些特点：

1.说话时语气要自然

从某种意义上说，并不存在一个“绝对正确”的讲话方式。展示权力的最好方式是使之自然流露。领导者不必刻意发表鼓舞人心的演讲或者按照预定的时间开玩笑，也不必刻意地让自己的声音听起来充满着威严。尽量自然一些，要知道，在谈话中，领导者表现出来的真实越多，就越能充分地展示自己，获得下属的认同。

2.语言运用准确

准确性是领导讲话的基本要求。任何一个领导者所说出的话，如果失去了准确性，不但没有任何艺术可言，而且还会失去所有与之相联系的个人和组织的信任。所以说，领导者在领导活动过程中，能够准确地运用语言，是十分必要的。

3.认识上的指导性

领导讲话往往是就重大工作的指导和重大问题的认识而发，因此，既有传达决策的指令功能，又有深化认识的理论功能。所以，讲话要对推进工作，对深化和统一认识有指导作用。

4.风格上的个性

由于领导讲话以个人身份代表企业组织发言，因此，讲话的风格、格调要与讲话领导自身的情况特点相适应。同一方面的内容，由职务、分工、经历不同的领导讲，应有不同的风格。

5.说话时不要太谨小慎微

现实中确实存在这样的情况：由于害怕承担责任，很多领导者往往表现得太过谨慎，即使是做一个很小的决定也非常犹豫。明显地表现在：他们在讲话时经常使用那些表示不确定语气的副词，比如“可能”、“也许”、“假如”等等。如果职业对你的要求是你必须尽量做到谨慎和准确，那么这样说话当然很好。但是不要忘了你的身份，作为一个领导者，你必须经常做出决策。你或许很想向下属展示你的能力和决心，而这样的措辞只会适得其反。

6.谈话时突出重点

讲话的目的就是让别人明白自己的意思，然而一些没有经验的领导者往往喜欢滔滔不绝，他们只是不停地说啊说，没有停下来考虑一下自己究竟要说些什么，直到讲话的最后才进入正题。这样一来，下属们不得不努力去把握上司到底说了些什么。请记住，你对下属讲话时，他们应当能够对你的观点一目了然。如果你毫无次序地从一个话题跳到另一个话题，那么在你背后留下的将是迷惑与不服从。为此，在讲话之前你应该先进行思考，检查一下你想说的话并进行筛选，挑出那些最相关、最重要的话语。

7. 讲话具有鼓动性

一个卓越的领导者，首先应该是一个鼓动家。他要以语言去撞击人们的心灵，激励下属的情绪，坚定下属向前的意志。在报告、演讲、讲话中，领导者要传达给下属某种可能达到的目标和希望，最大限度调动大家的情绪。

8.说话注重通俗性

领导讲话的通俗性，是指讲出的话不仅要生动、说理，而且要明事、易懂，使人乐于接受。要善于使用大众语言。大众语言来自于人民大众，是人民群众发明创造的。它包括谚语、歇后语、惯用语等。在讲话中巧妙地运用，能够增强讲话的感染力。

充满自信，让你说话有底气

口才，是一种语言技巧。它可以展现一个人的自信，也可以显示一个人的价值。一般来说，有强烈自信心的人，都是能言善辩的人；能言善辩的人，又都具有强烈的自信心。自信可以促进说话能力的提高；说话能力的提高又可以进一步增强自信，两者是互相作用的。

自信，是提高说话能力的推动力，是事业成功最重要的力量；说话是自信能力的外在表现，是提高自信最有效的方法之一。一个人有没有自信，是

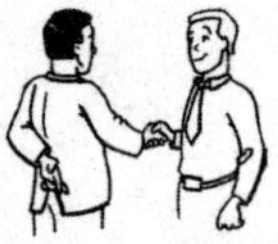

完全可以通过说话判断出来的。如果你能把自己的想法或愿望清晰、明白地表达出来，那么说明你的内心一定具有坚定的信心和明确的目标，同时你充满信心的话语也会感染他人，吸引他人的注意力，还会对你的事业发展有着巨大的推动作用。

林肯说：“不论人们如何仇视我，只要他们肯给我一个略说几句的机会，我就可以把他们说服。”这是何等自信!

自信的语言，体现了一个人的人格魅力。在与他人说话时，你的自我感觉会在很大程度上影响着别人如何看待你。如果你心里都觉得自己“行”或“可以”，那么你就能得到对方的赏识和尊重，对方也愿意与你继续交流下去。所以说，培养一种自信的感觉是非常重要的，它会让你在与人沟通的过程中受益无穷。

自信是成功的先决条件。一个人如果没有自信，那么这个人的言语的影响力就弱，所要表达的想法就不会被有效地传达，也不利于和他人进行有效的沟通。所以说，自信的人具有丰富的个人魅力和感染力，他们更容易与人沟通和交流。

英国保守党领袖伊恩·邓肯·史密斯在竞选时，因为缺乏自信而落败。2002年9月，在接受BBC电视台记者采访时，伊恩·邓肯·史密斯面色茫然、腼腆、毫无生机，他用有气无力的、平缓的语调攻击托尼·布莱尔首相及其政党的政策。记者问道：“你认为自己能出任下一届首相吗？”他犹豫了一下，目光下垂，语气不坚定地说：“是的，我可以，但我需要努力争取。”几分钟之后，电视台出现不满意的观众的电子邮件及电话录音：“他自己都不相信自己能成为首相，让我们如何相信他可以做我们的首相？”“他看起来根本就不像个英国首相！”“难道保守党再找不到别人做领导者吗？”

自信是赢得别人信任的最好方式。缺乏自信的人不易于让人信任，没有一个人愿意让一个缺乏自信的人承担重任，这往往会让人们联想到失败。莎士比亚说：“自信是走向成功之路的第一步，缺乏自信是失败的主要原因。”坚定地相信自己，这就是所有取得了伟大成就的人士的基本品质。自信，就是相信自己的优势，相信自己的能力，相信自己有权占据一个空间。

在美国爆发经济危机那年，许多公司都在裁员，而此时，有个青年刚从大学毕业，想到当地一家大百货公司找一份工作。他带有一份介绍信，这是他的父亲写给当年的大学同学——百货公司经理的。

经理读了介绍信，对年轻人说：“我本来可以给你找个工作干干。令尊是我大学里最要好的朋友之一，每年校友联欢会上，我都期望见到他。可不巧的是，你这个时候来，真是再糟糕不过了。好长时间以来，我们生意一直亏本，除了最必需的人员，我们不得已把所有的职员都解雇了。”

这所大学的许多毕业生都来这家百货公司找工作，得到的全是同样的答复。

一天，又有一个学生说起他要到百货公司寻个差使，同伴们不禁哄笑起来，说他纯粹是浪费时间。

但这个小伙子自有主意，他相信自己有能力得到一份工作。他手上没有什么介绍信，进了商店就径自来到经理办公室的门口，他并不是来找工作的。他请人送进去一张条子，字条上写着：“本人有一个主意，可帮你从大萧条中解脱出来。可否与你一谈？”“请他进来！”公司经理命令道。

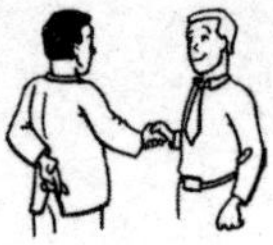

小伙子进去后马上转入正题：“我想帮你开办大学专柜，向大学生销售服装。本校16000名学生，人数年年都有所增长。批发衣服我虽然一窍不通，但我懂得这些学生喜欢什么。让我帮你开办会受大学生欢迎的专柜，我可以向他们宣传，吸引他们来这里买衣服。”

没过多久，这家百货公司果真办起了大学专柜，新颖的款式吸引了一批又一批大学生涌入百货公司，公司很快就生意兴隆，发了大财！不用说，这个小伙子成了公司的雇员。

我们不排除这个小伙子的成功与他非凡的个人能力有关，但重要的是，他十分自信，进而赢得了经理的信任，并给予了他一个机会。

一个人是否拥有自信，特别在与人交流的时候，显得至关重要。通常情况下，一个说话自信的人，他知识广博、头脑灵活、判断力强、信心十足，说话富有磁性而有吸引力，同时，他还能在各种谈话场合中，得心应手，滔滔不绝，赢得别人的认同和赞扬。

自信的语言是一种人格的魅力。没有信心，人们就无法开展有效的交流。而能否保持自信，能否有效地开展交流，决定了你能否拥有成功的事业。个人成就的大小，回报率的高与低，将直接与你说话的自信度成正比。大凡有所成就的领导者，他们对自己了解相当清楚，并且肯定自己，他们的共同点是说话十分自信，时时刻刻都用积极的语言来表达自己，让自己自信起来。

以下是帮助领导者建立自信的几种方法：

1.学会自我激励

学会自我激励，要给自己一个习惯性的思想意念。别人能行，相信自己也能行；其他人能做到的事，相信自己也能做到。平时要经常激励自己：“我行，我能行，我一定能行。”“我是最好的，我是最棒的。”特别是遇到困难时要反复激励告诫自己。这样， 就会通过自我积极的暗示机制，鼓舞自己的斗志，增加心理力量，使自己逐渐树立起自信心。

2.当众发言

在组织或团队会议中，很多人从来不发言，因为他们害怕别人觉得自己说的话让人觉得他们很笨。其实，这种恐惧的想法并不对。一般而言，人们的承受力比想象的更强。事实上，大多数人都在和同样的恐惧做斗争。只要努力在每个会议中大声说出自己的想法，你就可能成为一个更好的发言者，对自己的想法也会更自信，并会被公认为同类的领导。所以，不论是参加什么性质的会议，每次都要主动发言，也许是评论，也许是建议或提问题，都不要有例外。而且，不要最后才发言。要做破冰船，第一个打破沉默。也不要担心你会显得很愚蠢，因为或许有人同意你的见解。

3. 说话时敢于正视别人

说话时不正视别人通常意味着有自卑感，感到自己不如别人，做事无信心。躲避别人的眼神意味着自己做错了事，心怀不安或内疚。正视别人等于告诉他：我很坦然，很光明正大，毫不心虚怯懦。要让你的眼睛给别人以希望，这不但能给你信心，也能为你赢得别人的信任。

4.抬头说话

说话时要给人朝气蓬勃的姿态，就要昂首、挺胸、谈吐自若；千万不要低头、垂目、耷拉着脑袋，一副信心不足、没出息的惨相。

5.提升自己的外在形象

俗话说“人靠衣装马靠鞍”，一身光彩的衣着，是你建立自信的基础。一套笔挺的西装会使得一个男子汉庄重起来，一袭长裙会使得一个女性的举手投足都显得亮丽、迷人。因此，漂亮的仪表既能够得到别人的夸奖和尊重，也会提高人的精神风貌和自信心。所以，领导者平时要学会多注意自己的仪表，保持发型美观，衣着整洁、大方。当你的仪表得到别人的夸赞时，你的自信心一定会油然而生。

引发共鸣，增强讲话的感染力

领导讲话是其指导、部署工作的基本方式，体现领导者的综合素质和修养水平。有的领导讲话，深入人心，使听众心服口服，从而感染听众，而有的领导说话则没有感染力，比较枯燥，常常引得听众犯困。甚至有的领导开会讲话时，下面的听众也哈欠连连。这种情况的问题出现，绝大部分不怨听众。问题出在哪里？细心观察一下，他们讲话时有一些通病：声音低，语调平，语速慢，陈词滥调，铺垫太多，空话连篇，表情呆板，缺少肢体语言，没有抓住听众兴趣点，其中最主要的是讲话没有感染力。

有这样一个故事：

一位衣衫褴褛的盲老人，在繁华的巴黎街头乞讨，身旁写了一块牌子："我什么也看不见"，过往的人很多，但没有人注意他。中午，法国著名诗人让·彼浩勒经过这里，见到牌子上的字，问盲老人，老人家，有人给你钱吗？老人茫然地摇摇头，脸上的神情十分悲伤。让·彼浩勒听了，悄悄地在那行字的前面加上了"春天来了，可是——"就匆匆离去了。傍晚，诗人又来到这里，问盲老人下午的情况，盲老人笑着回答说，"先生，不知为什么，下午给我钱的人多极了！"让·彼浩勒听了以后，摸着胡子满意地离开了。

同样的意思用不同的话来说，效果就不同，同样的话，从不同人的口里说出来，所达到的效果也不同，同一个人，由于环境不同，即便说的是同样的话，可是含义会发生很大的变化。这就是语言的妙处。成功领导者是善于掌握这种语言妙处的人，因此，他们一开口就显得不同凡响。

领导者的公务活动通常采用报告、沟通、鼓励、表扬、批评等方式进行。而采用这些方式都离不开语言的表达，都需要有较好的口才。工作中的语言表达也是一门艺术。如果侃侃而谈，娓娓动听，能使人受到较强的感染力。

对领导者来说，大量的思想工作，是要靠语言去完成的。话好好说了，听着顺耳，心里想得通；话说拧了，热心能变凉，好事能变坏。这就要求领导者讲话要有感染力，懂得一些说话的艺术。

马云说话极具感染力，虽然有时他的话朴实无华，也没有什么优美的修饰，但是言语之中每每都传递给人满满的“正能量”，引起听者的共鸣。

下面这些都是摘自马云演讲中的话：

“刚才在讲，如果你认为你是空降兵，you are(你就是)，你认为你是子弟兵，you are(你就是)！第一天来，你觉得我是阿里巴巴子弟兵，你就是了。你心里觉得是空降兵，所有人也知道你是空降兵，你觉得自己条件比别人好，说出来的话好像很懂的样子，而别人想我就是让你不懂，你就惨了。”

“你是谁是你自己决定的，不止在阿里巴巴，任何公司都是的。你一进公司，如果你认为，我就是阿里巴巴的子弟兵，你就会成为子弟兵，你认为你是空降兵，我是带大家走出苦海的，I am sorry，他们说我们就喜欢这个苦海，我们就适应这个苦海，那就完了。”

“唠唠叨叨讲了这么多，只想说一点，阿里巴巴还是个好公司，至少我想我们这个团队，我也好，李琪也好，彭蕾也好，各个子公司的老大也好，真心感谢大家加入阿里巴巴，一起来建造我们的梦想。”

“八年前，我们手头连把镰刀都没有，今天我们手上有东西了，人力也多了，你们要比八年以前的十八个创始人，要比七年前的百把号人，聪明得多，能力要强得多。要是你们不能成功，不要怪别人，要怪自己。谁让你们被别人忽悠，被我忽悠进来呢。来了，就死了这条心，认了吧。人家八年傻干过，我们也干吧。你一直干、一直挖，挖不到油也可以挖到水。我们一起挖几年，在这个公司里面学习、欣赏。我对大家的期望很大，我们把自己降低，将来能跳得更高！”

马云的演讲总是给人力量，每次听完他的演讲和看完他的演讲稿，总有网友会发出由衷的评价：“太精辟，一针见血，真知灼见，给人希望，给人动力。”可见，说话富有感染力，总会拨动人的心弦，引起别人的共鸣。

善于发表饱含理性、充满激情、富有感染力的讲话，是一个领导者说话水平的重要标志，也是其个人魅力的重要体现。美国著名演讲大师卡耐基曾经说：“假如一个演讲者用坚信的语气诚恳地诉说，那他就不可能失败，无论他讲的是政治还是经济政策，或者自己的旅行感触，只要他确实有将心中所想告知于你的冲动，那么他的演讲就会有强大的感染力，足以打动你的心。”

美国石油大王洛克菲勒的儿子小洛克菲勒，在1915年处理一起工业大罢工时，就是运用诚恳的演说，解决了与工人之间的矛盾。

科罗拉多州煤铁公司的矿工为要求改善待遇，进行了罢工，因为公司方面处理不善，这次罢工又演变成流血的惨剧，劳资双方都走了极端。这次罢工持续了两年之久，成为美国工业史上一次有名的大罢工。小洛克菲勒最初使用军队镇压的高压手段，酿成了流血惨剧，不仅没有解决问题，反而使罢工时间更延长下去，使自己的财产受到更大损失。后来他改变方法，采用柔和手段，把罢工的事情暂时置之不谈。他深入到工人当中，亲自到工人家中慰问，使双方的情感慢慢转好。然后他叫工人们组织代表团，以便和资方洽商和解。他看出工人们已经对他稍稍释去了敌意，于是对代表们做了一次十分恳切的演说。就是这次演说，解决了两年来的罢工风潮。

在演讲中，小洛克菲勒说："在我有生之年，今天恐怕要算一个最值得纪念的日子。我十分荣幸，因为能和诸位认识。如果我们今天的聚会是在两个星期之前，那么，我站在这里就会是一个陌生人了，因为我对于诸位面孔的认识还只是极少数。我有机会到南煤区的各个帐篷里看了一遍，和诸位代表都做了私人的个别谈话；我看过了诸位的家庭，会见了诸位的妻儿老幼，大家对我都十分客气，完全把我看作自己人一般。所以，今天我们在这里相见，我们已经不再是陌生人而是朋友了。现在，我们不妨本着相互的友谊，共同来讨论一下大家的利益。这是使人感到十分高兴的。参加这个会的是厂方职员和工人代表，现在蒙诸位厚爱，我才能在这里和诸位相见并努力化解一切矛盾。这种伟大的友谊，我是终生不会忘掉的。大家的事业和前途，从此更是展开了无限的光明。今天虽然是代表着公司方面的董事会，可是，我和诸位并不站在对立的地位。彼此有关的生活问题，现在我很愿意提出来和大家讨论一下。让我们一起从长计议，获得一个双方都能兼顾到的圆满解决办法，因为，这是对大家有利的事。"

这段讲话虽没有华丽辞藻，但话语诚恳，具有感染力，引起了矿工的广泛共鸣，小洛克菲勒一下子使自己摆脱了困境。反之，如果一个人在语言上不遵循"诚能感人"的原则，就会失信于众，轻则影响个人的形象和声誉，重则危及组织的前途和生存。

无论是日常说话还是在公开场合发表讲话，只有提升讲话的感染力，使讲话简明扼要、通俗易懂、新鲜活泼、生动形象又富有变化，才能激发起听众的兴趣，才能赢得听众的赞许，从而增强讲话的效果。否则，不但吸引不了群众的兴趣，反而会使大家产生反感。因此，领导者能否使自己的讲话更具感染力，事关自身形象和工作大局，必须予以重视。

领导者要提高自己的表达能力，一般应在以下四个方面加强锻炼。

1.发音标准，吐字清晰

清晰的表达能够让他人听清楚你说的是什么，这对领导者来说是一项最基本的要求。作为领导者，发音一定要标准，吐字一定要清晰。语言表达是否清晰，普通话流利、标准与否，都会直接影响讲话的感染力。

2.掌握节奏，语速适中

讲话的语速也会影响声音的感染力。如果说话的语速太快，别人可能还没有听明白，你就已经说完了，反之；如果你说得太慢，就会让别人失去了倾听的耐性。因此，最恰当的做法应该是根据具体情况，来调节自己的语言节奏，以做到恰到好处的停顿，从而取得良好的谈话效果。

3.情理交融，声情并茂

讲话时，要把声调、表情、遣词用语等要表达的内容配合起来，一致起来。例如，在讲到爱护集体利益的行为事例时，以高兴的感情，使用称赞、欣赏的词句，就会使大家在认识到这种行为能结集体带来好处的同时，产生一种荣誉、向往、羡慕的体验；在讲到不守纪律的行为事例时，以厌恶的感情，使用指斥、责备的词句，就会使大家产生一种羞耻、鄙视、不满的体验。这样就会有感染力，号召力，使听者有了鲜明的情感倾向，甚至给人摩拳擦掌的鼓动作用，去改正自己的不好行为，多做些有益的事情。

4. 思维敏捷，语言流畅

领导者讲话还要注意语言的流畅性。语言是思维的外在表现，一个说话很流畅的人，通常被人认为是个思维敏捷的人，或者可以反过来说，正因为他的思维敏捷所以他才能如此流畅。而且，语言流畅也可以很好地增加自己的自信心，同时也能获得别人的好感与信任，让人相信你的能力。

展现亲和力，拉近彼此的距离

亲和力是人与人之间信息沟通、情感交流的一种能力。它一方面表现为主动控制人际交往，另一方面表现为被其他人所认可。有亲和力的人身上散发出一种独特的力量，迫使我们不得不去喜欢他。那神秘的力量便是亲和力，我们就是被这种力量给影响了。

亲和力是具有一种让人想去亲近你的情感魅力。对领导而言，亲和力是以自己的高尚品德和人格魅力联系和带动周围群众，向周围辐射而产生的影响力和感召力。比起级别与权力的直接影响力，领导者亲和的魅力影响力更强。如果你是一个让人感到亲切的领导者，交谈时，别人情感的大门会主动向你敞开；劝说时，别人心中的疙瘩会自动解开；求助时，别人热情的双手会真诚向你伸出……可以说，使人感到你很亲切，更富有人缘魅力。

玛丽女士是一家化妆品公司的老总，她最不能接受的事就是凯迪拉克轿车的推销员开着福特轿车四处游说，人寿保险公司的经理自己不参加保险。所以，她要求公司的所有职员都要用自己公司生产的化妆品。

有一次，她发现刘菲正在使用另外一家公司生产的粉盒及唇膏，刘菲吓得赶紧收了起来。玛丽女士走到刘菲桌旁，微笑地说道：“老天爷，你在干吗？你不会是在公司里使用别的公司的产品吧？”她的口气十分轻松，脸上洋溢着微笑。刘菲的脸微微地红了，不敢吱声，心想这下该挨批了，但是，玛丽女士并没有发火，什么都没说就走开了。

第二天，玛丽女士送给刘菲一套公司的化妆及护肤产品并对她说：“如果在使用过程中觉得有什么不适，欢迎你及时地告诉我。”后来，公司所有的新老员工都有了一整套本公司生产的适合自己的化妆品和护肤品。玛丽女士亲自做了详细的示范。她还告诉员工，以后员工在购买本公司的化妆品时可以打折。

玛丽女士亲和的态度，友善的口语表达，使她自然地与员工打成一片，成功地灌输了她正确的经营理念。

亲和力是获得事业发展必不可少的重要条件，是建立友谊、发展友谊的坚强动力。在一个团队里，亲和力不仅表现为个人的一种高尚品德，还表现为一种领导艺术。一个亲和力强的领导者会让人们在感情上更容易接近，在心理上更容易接受；在日常交往中，不仅是合格的上级，更是人们尊重、信赖的兄长。这种油然而生的敬意一旦和志同道合的集体奋斗目标结合，就会产生真诚的友谊以及必要的信任、谅解和宽容。

亲和力是感染力、凝聚力和号召力。一个领导有亲和力，受人尊敬。亲和力的魅力体现为爱心、关心、支持、信任等，有亲才有近，有亲才有爱，有亲才有力。一个人，一脸威严和冷漠，让人望而生畏，唯恐避之而不及，是不会有亲和力的。只有怀揣爱心，以同情、友情、亲情、爱情和热情陶冶自我、关注社会、关爱他人，互相打动、互相感染、互相影响，才能凝聚成一种超常的智慧和力量。

亲和力是亲切、友善、易于被别人接受的一种力量，就如同美好的事物令人无法拒绝一样，它让与你交往的人感觉到快乐。亲和力强的领导者因与群众关系密切，容易和各方面的人接近与沟通，说话也比较有分量和影响。当工作中出现矛盾时，就能够更好地了解情况、说服引导，从而使矛盾朝着积极的方向转化，使问题得到顺利解决。

一家工厂面向社会招聘厂长，其中一位四十多岁的女士获得了大家的一致好评，最后胜出。让我们看看她在应聘过程中的表现：

问："你是个外行，靠什么治厂，怎样调动起大家的积极性？"答："论管理企业我并不认为自己是外行，何况我们厂还有那么多懂管理的干部和技术高超的老工人，有许多朝气蓬勃、勇于上进的年轻人。我上任后，把老师傅请回来，把年轻人的工作、学习和生活安排好，让每个人都干得有劲，玩得舒畅，把工厂当成自己的家。"问："咱们厂不景气，去年一年没发奖金，我要求调走，你上任后能放我走吗？"答："你要求调走，是因为工厂办得不好，如果把工厂办好了，我相信你就不走了。如果你选我当厂长，我先请你留下看半年有无起色再说。"话音刚落，全场立即掌声四起。

问："现在正议论机构和人员精简，你来了以后要减多少人？"答："调整干部结构是大势所趋，现在科室的干部显得人多，原因是事少，如果事情多了，人手就不够了。我来以后，第一目的不是减人，而是扩大业务、发展事业……"问："我是一名女工，现在怀孕七个多月了，还让我在车间里站着干活，你说这合理吗？"答："我也是女人，也怀孕生过孩子，知道哪个合理，哪个不合理，合理的要坚持，不合理的一定改正。"女工们立即活跃了起来。有的激动地说："我们大多是女工，真需要一位体贴、关心我们疾苦的厂长啊！"

亲和力是一种柔性的领导力，它能起到很好的化解矛盾、缓和矛盾、处理问题的作用，有时能起到比权力更有效的作用。良好的亲和力可以拉近人与人之间的心理距离，令你收获意想不到的前途和机会。拥有亲和力的领导者就像一块磁铁一样，格外能吸引他人。

亲和力是人与人之间信息沟通，情感交流的一种能力。具有亲和力的领导者，会每天都保持自信乐观向上的心情去面对每一个人，会视他们为熟人朋友老乡亲人，这将使别人加深其信任感。

亲和力便于领导者与下属之间的沟通和交流，人都是有感情的，下属当然也不例外，感情的沟通和交流能够让领导者和下属之间建立一座信任的桥梁。信任的建立将会有效的消除人的交流的难度。所以，领导者要善于建立自己的亲和力。

克服怯场，让你不再畏首畏尾

当众讲话是领导者的必修课。温斯顿·丘吉尔曾经说：“一个人能面对多少人当众讲话，他的事业就能做多大！”作为一名领导，经常抛头露面，经常成为各种场合和各种活动的焦点和中心，人们也希望能经常听听领导的意图和声音，看看领导的水平和表现。可以说，不论你从事任何职业，当众说话都不可避免的，如果总是吞吞吐吐、词不达意，就会在下属或公众面前丢面子。这样又岂能当好一名领导者。

有一位职业经理人，为了工作需要，不得不将下属叫到办公室逐个安排工作，其实一个会议即可解决，但他对那种会议上的“焦点感”感觉紧张，不想因当众发言的“语无伦次”，降低在下属面前的威信，他坦言，这是他目前最大的困扰，也对工作效率有些影响。

“我总是不敢在员工大会上讲话、发言，那会使我心跳加快，脑中一片空白……”有些很多人也坦然地承认自己说话的胆怯，而且对此颇为苦恼。

生活中，你是否也有这种害怕当众讲话的心理阴影。事实上，大多数人都程度不同地具有这种心理，或者说是怯场。美国的一位演说家的观点阐述了人们怯场的根源，他认为每个人都具有理性的、社会的、性别的、职业的自我形象，当人们进行演出、演讲时，其自我形象完全展现在公众的面前，由于担心自我形象遭到破坏，因而产生了窘迫不安的怯场心理。怯场是每人都会有的一种心理障碍，有的人表现得比较强烈。当这种心理占据上风时，就会阻碍你前进的步伐。

1993年，布拉斯金—戈德林调查公司作了一项调查。研究证实表明，有45%的人当众讲话就会出现紧张的情绪。另外，亚特兰大行为研究院的罗纳德·塞弗特所做的研究也表明：“有4000万美国人不喜欢发言，他们宁愿做任何事也不愿意当众讲话。而且，多达4000万需要经常讲话的人无法摆脱焦虑和紧张。”所以，你如果以为只有自己害怕讲话，那么，你尽可以放心，你绝非那么孤单。可以毫不夸张地说，人人都可能在说话前后或说话过程中出现紧张的心理：性格内向、沉默寡言者如此；天性活泼、思想活跃者如此；即便演说专家、能言善辩者也不例外。美国南北战争时期，身经百战的英雄将军格兰特先生在回忆自己早年的演讲活动时说：“一旦让我站在演讲台上，我就像得了脊髓病一样，两腿抖得站都站不稳，身子也立不直，一副丢人现眼的样子。”马克·吐温是世人皆知的幽默大师和演讲家，他回忆自己最初演讲的心理感受时说：“上台伊始，就感到嘴里像是塞满了棉花，脉

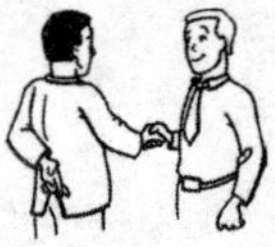

搏跳得像在争夺百米赛跑的冠军奖杯。”西塞罗，这位古罗马时期最伟大的演讲家也曾说过这样的话：“一开始就感到自己面色苍白，四肢和整个心灵都在颤抖。”此种感受，在丘吉尔那里被描述为“心窝里好像塞着一个几寸厚的冰疙瘩”。连林肯也承认，在相当长的一段时间里，每次演讲总有“一种畏惧、惶恐和忙乱”。仅仅是恐惧可能还不算严重，据说极端的情况竟然还有演讲者因过分紧张而晕倒在讲台上。

其实，怯场是每人都会有的一种心理障碍，有的人表现得比较强烈，当这种心理占据上风时，就会阻碍你前进的步伐。如果你要想自己有更好的发展，说话说得更加精彩就要放下思想包袱，每个人都会有说错话做错事的时候，别人议论也是正常的，“走自己的路，让别人去说吧！”让自己变得洒脱一点，勇敢正视别人的“指指点点”。

曾在日本演说艺术界居于首位的德川梦声先生，可以称得上是一大铁嘴，被誉为“演说名人”。以下有一段话，是他根据自己多年的临场经验，所发表的关于演讲的看法。读完他的这段话，大家也许会更明白为什么人人都会有说话时的紧张、恐惧心理。

德川梦声先生说：

“上台发表演说之前，无论任何人，都会感到紧张，都无法镇静下来。你也许会问：‘唉！像你这样身经百战，见过了大大小小各种场面的职业演说家，还会紧张吗？’

像这种问题，我不知被问了多少次了，但是，我告诉你们，无论是怎样熟练的老手，也无法完全不紧张，因为，不管演讲或座谈，总是得开口，这就必须认真地去做才行。

当然，如果面对我熟悉的一群听众，说些很平常的内容，有时也会毫无感觉的。就好像教师对他班上的学生讲课一样，没什么好紧张的。

但如果是在陌生的场所，又不知道听众的身份的时候，就算是名演说家，也会感到紧张的。”

德川梦声先生又说：

“演讲虽说是我的职业，但是我却不喜欢在众人面前高谈阔论，总希望能尽量躲掉。我所喜欢的是和谈得来的朋友闲话聊天，因为我并非讨厌说话这件事而是讨厌正正经经地说话。

刚刚提到的，在上台演讲前的不安心情，我很不喜欢；而在演讲中途的紧张情绪，也不是一种好的感觉，下了台之后，那种挥之不去的余悸，更令我受不了。

比方说，准备了一个固定的笑话或小故事，只在上台时把它们搬出来说一说，说完后也不会有什么余悸。因为可以预料不会发生什么严重的错误，所以并没有什么烦闷的心情。但是，以我个人来说，常有机会在陌生场合作一次演讲，那么，失败的比例也就会比较高了。”

上面这个故事告诉我们：在当众说话时，产生一定程度的恐惧感是正常的，但是你要做的就是，利用好这种适度的恐惧感，使自己的讲话说得更好。只要你肯多花时间，努力改变，不断训练自己，就会发现这种恐惧感很快就会降低到适当的程度，这时它就会成为一种动力，而不是阻力了。

丘吉尔是20世纪最伟大的政治家之一，但他在口才方面也并没有什么过人的天赋，完全与普通人一样。他初次在国会演讲时，为了准备这次演讲，他一连几天写稿、背诵、对着镜子反复练习，生怕出点差错，生怕当众出丑。但是，演说那天，他担心的事情还是发生了，他很紧张，而且很怕自己会表现不好，他越怕越紧张，脑海里终于成为一片空白，结果使他尴尬极了。从那以后，他开始了对演讲的锻炼，但与别人不同的是，他不是单纯地去提高演讲技能，而是改变了态度，在心理方面做了充分的准备，他不再害怕失败，不怕出丑，不论在什么场合，他都敢于当众说出自己要说的话，于是，他很快变成了一位颇具感染力的演说家。

提高当众讲话能力的关键是克服畏惧、建立自信，这是实现更有效说话的前提。只有这样，人们才能够最大限度地发挥自己的潜在能力，在各种场合下发表恰当的讲话，博得赞誉，赢得别人的喜欢，获得成功。

作为领导者，也许你其他能力弱了一点，但当众讲话的能力一定要强。如果当众讲话能力确实欠缺，那就要努力弥补，寻找方法技巧。当掌握了当众讲话的技巧后，那么以后不管何时何地，碰到什么样的演讲主题和即兴讲话，遇上什么样的辩论和谈判，你都能应付自如，不再无话可说！

那么，如何克服在当众讲话的恐惧心理呢？按照以下几点建议去做，你就能泰然处之，游刃有余。

1.放松自己

有些人在说话时特别紧张，大都是由于他们说话时呼吸紊乱，氧气的吸入量减少，头脑一时陷入痴呆状态所致。

说话时发生不正常情况通常都是这样的顺序：怯场——呼吸紊乱——头脑反应迟钝——说些支离破碎的话。要克服这些不正常情况，就要学会如何调整呼吸。

说话时全身要尽量放松，静静地做几次深呼吸，吐气时可以略微用点力。这样一来，人的心里就会获得一份踏实感。

2. 可以写下自己想说的话

当众讲话之前，如果你怕自己紧张会说不清楚，那么嘟嘟建议你把你想说的话一一写下来，然后自己练习几次，甚至把下属会涉及的问话一并写出来。经过自己用心写出来的东西，没有谁会轻易忘记，这样你当众讲话时就不会出现前言不搭后语，更不会因此紧张了。

3.不断丰富和充实自己

有时人出现紧张的原因，是由于知识领域过于狭窄，或对当前发生的事情知道得太少的缘故。假若你能经常读些课外书籍、报纸杂志、开拓自己的视野，丰富自己的阅历，你就会发现，在社交场合你可以毫无困难地表达你的意见。这将会有力地帮助你树立自信，克服紧张。

4.不要给自己反面的刺激

在讲话过程中还应尽量避免令自己不安的反面刺激，比如，总是设想自己会犯语法错误，或总担心自己会突然停顿下来，讲不下去了。这些反面刺激，很可能会动摇你的信心。因此，在开口时，最重要的是把注意力从自己身上移开，或集中精力听别人怎么说，避免不必要的紧张感。

5.移情于物

人们在突然出现的恐惧面前会紧张地抓住某件东西不放，这其实是转移紧张的一种方法。我们在当众讲话时若是因怯场控制不住情绪，也不妨手中拿着一件什么东西，如钢笔、纸张、笔记本、火柴棍等，这样就有可能使怯场状态有所缓和。

提高说话水平，改掉不良说话习惯

现代社会是一个高速发展的信息时代，信息缩短了人际距离，使人和人之间的交流与合作日益增多，同时竞争也日益加剧，从而使口才显得愈加重要。作为一个企业的领导者，肩负着引导组织或企业生存和发展的使命，面对的是多层次多角度的人际关系网络。同时，口才又是领导思维和智慧的运载工具，是领导权力和责任的表现手段，而且也是一名领导必须具备的能力和素质。因此，领导必须善于驾驭自己的口才，才能在工作中左右逢源，大显身手。

纵观古今中外的成功的领导者，无一例外都是思维敏捷、口齿伶俐、善于表达的语言大师。毫不夸张地说，一个人只有掌握了语言的技巧，才可以在与人打交道的时候占尽先机，达到自己的目的。而修炼语言技巧的前提就是关注语言的习惯。因为只有从习惯入手才是有效提高说话水平的绝妙方法。下面是几个我们一定要改掉的不良说话习惯。

1.说话用鼻音

用鼻音说话是一种常见且影响极坏的缺点，当你使用鼻腔说话时，就会发出鼻音。如果你用大拇指和食指捏住鼻子，你所发出的声音就是一种鼻音。如果你说话时嘴巴张得不够，声音也会从鼻腔而出。在电影里，鼻音是一种表演技巧，如果演员扮演的是一种喜欢抱怨、脾气不好的角色，他们往往爱用鼻音说话。如果你使用鼻音说话，鼻音对于女人的伤害比对男人更大，你不可能见到一位不断发出鼻音却显得迷人的女子。如果你期望自己在他人面前具有极大的说服力，或者令人心荡神移，那么你最好不要使用鼻音，而应使用胸腔发音。正确的方法是，平时说话时，上下齿之间最好保持半寸的距离。

2.矫揉造作

矫揉造作有多种形式的表现，有的领导喜欢在说话中加进几句英文或法文；有的领导喜欢在谈话中加进几个学术性的名词；有的领导喜欢把一些流行的字眼挂在口头；有的领导又喜欢引用几句名言，放在并不适当的地方。这会让下属觉得你在卖弄学识，故作高深，还不如自然、平实的言语更容易让人接受。

3.说话忽快忽慢

一般来讲，说话的速度很难掌握，即使是一些职业演说家或政治家，有时也不容易把握好自己说话的速度。说话太快，别人就听不懂你在说些 什么，而且听得喘不过气来。说话太慢，人们就会根本不听你说，因为他们缺乏一种耐心。据专家研究，适当的说话速度为每分钟 120—160 个字之间，当我们朗读时，其速度要比说话快。而且说话的速度不宜固定，你的思想、情绪和说话的内容会影响你表达的快慢。说话中把握适度的停顿和速度变化，会给你的讲话增添丰富的效果。为了测量自己说话的速度，你可以按照正常说话的速度念上一段演讲词，然后用秒表测出自己朗读的时间。如果你说话的速度每分钟不到上面那个标准，就可以试着调整说话速度，看是否会收到良好的效果。

4.口头禅过多

日常生活中，人们听到这样的口头禅，如“那个”“你知道不”“是不是”“对不对”“嗯”等。如果一个领导者在说话中反复不断地使用这些词语，一定会损害自己说话的形象。口头禅的种类繁多，即使是一些伟大的政治家在电视访谈中也会出现这种毛病。当然谈话中“啊”“呃”等声音过多，也是一种口头禅的表现，著名演说家奥利佛·霍姆斯说：“切勿在谈话中散布那些可怕的‘呃’音。”如果你有录音机，不妨将自己打电话时的声音录下来，听听自己是否有这一毛病。一旦弄清了自己的毛病，那么以后在与人讲话的过程中就要时时提醒自己注意这一点。

5.讲粗话

讲粗话是说话的恶习。俗话说，习惯成自然。随便什么事情，只要成了习惯，就会自然地发生。讲粗话也是如此，一个人一旦养成了讲粗话的习惯，往往是出口不雅，自己还意识不到。讲粗话是一种坏习惯，是极不文明的表现，但要克服这种习惯也并不是一件易事。比较有效的办法是，找出自己出现频率最高的粗话，集中力量首先改掉它。首先是改变讲话频率，每句话末停顿一下；其次讲话前提醒自己，改变原有的条件反射。出现频率最高

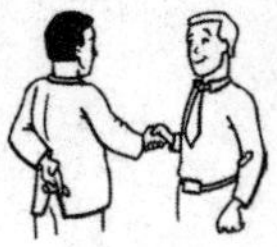

的粗话改掉了，其他粗话的克服也就不难了。

6.手脚动作过多

手脚动作过多，即说话时动作过于频繁。可以检查一下自己，是否在说话时不断出现以下动作：坐立不安、蹙眉、扬眉、歪嘴、拉耳朵、摸下巴、搔头皮、转动铅笔、拉领带、弄指头、摇腿等。这都是一些影响你说话效果的不良因素。如果在说话时，动作过于频繁，听者就会被你的这些动作所吸引，而讲话内容就会被人忽视。

7.咬字不清

有的领导者在谈话中，常常会有些字句含含糊糊，叫人听不清楚或者误解了他的意思。所以，不说则已，只要开口，就最好一个字一个字，清楚准确地说出来。

8.用词笼统

有许多人喜欢用一个字去替许多字，譬如，他在所有满意的场合，都用一个“好”字来代替。他说：“这歌唱得真好？”“这是一篇好文章。”“这山好，水也好？”“这房子很好。”“这个人很好。”……其实，别人很想知道一切究竟是怎样好法。这房子是宽敞，还是设计得很别致呢？材料很结实吗？这人是很老实呢，还是很慷慨、很喜欢别人呢？单是一个“好”字，就叫人有点摸不着头脑。还有这样的人，用“那个”这两个字代替几乎所有的形容词，例如：“这部影片的确是很那个的。”“这件事未免太那个了。”“这封信叫人看了很那个的。”……这一类毛病，主要是由于头脑偷懒，不肯多费一点精神去寻找一个适当的恰如其分的字眼。如果放任这种习惯，所说的话就容易使人觉得笼统空洞，没有内容，因而也就得不到别人适当的重视了。

9.过于夸张

人们常常喜欢用夸张的语言去强调一件事物的特性，以引起别人的注意。但也有人无论在什么场合都采用这种说法。例如："这个意见非常重要。""这本书写得非常精彩。""这是一部非常伟大的戏剧。""这种做法是极端危险的。"……如此这般，讲得多了，别人也就自然而然地把你所夸大的字眼都大打折扣，这就使你语言的威信大为降低了。

10.逻辑混乱

在叙说事理的时候，最重要的是层次清晰，条理分明。所以，在说话以前，必先在脑子里将所要讲的事情好好地整理一下，分成几个清楚明确的段落，摒除一些不大重要的细节。不然的话，说起话来就会拖拖拉拉，夹杂不清了。特别是当一个人叙述自己亲身经历的时候，更容易因为特别起劲，巴不得把所见所闻全盘托出，结果却叫人听起来非常吃力。

第二章

掌握说话技巧，做受欢迎的领导者

说话简洁明了，不要拖泥带水

曾有位“啰嗦先生”在写给家人的信中说：

“……吾于下月即将返里。不在初一即在初二，不在初二即在初三，不在初三即在初四，不在初四即在初五，不在初五即在初六，不在初六即在初七，不在初七即在初八，不在初八即在初九……不在二十八即在二十九。其所以不写三十，因月小之故也……”

“啰嗦先生”这封可简为“吾下月将返里”的书信，却啰嗦了这么长，谁看了也会觉得索然寡味，十分讨厌。虽然这仅是一则笑话，但告诉我们一个深刻的道理：说话啰嗦就会失去魅力。口才最差的人，往往可能就是那些喋喋不休的人，说了一大堆，也没有说出主旨，反而还认为自己很棒。事实上，要真正地将自己的话说得高效，就必须让自己的语言简练，要能在最短的时间内让对方明白你所说的意思。

美国总统哈里·杜鲁门一生中最推崇简洁的语言，他曾说过：“一个字能说明问题就别用两个字”。而这同样是许多领导者所认同的方法。

列宁的夫人克鲁普斯卡娅在回忆录中曾写道：“尽管列宁具有渊博的知识和丰富的宣传员的经验，但是，对每一次演说、每一次报告、每一次讲话都精心准备。”

列宁的“三分钟演讲”久负盛名。当时，苏维埃俄国受到战争破坏，国民经济濒临崩溃，纸张奇缺，包括《真理报》在内的报纸印数大幅度削减，国内许多地区长时间读不到报纸。

在这种情况下，列宁建议党和国家的著名活动家、作家把演讲录成留声片发行。他亲自开列了一张名单，其中包括加里宁、捷尔任斯基、高尔基、卢那察尔斯基等。1919年3月29日，列宁录制了他的第一张留声片《告红军书》。由于技术原因，录制一次演讲必须限制在3分钟（即留声片的一面）之内。第一次录音超过3分钟，离开录音室时，他对工作人员说，下次一定准备好。回到寓所后，列宁精心推敲文稿，掐着秒表反复练习。第二次录制时，他的演讲恰恰在三分钟结束了。这就是列宁“三分钟演讲”的来历。为了动员群众捍卫十月革命的伟大成果，列宁深入工厂、农村、部队，发表演讲达300余次，其中16次录成了留声片。在“三分钟演讲”中，列宁善于将丰富深刻的内容用深刻精炼的言辞表达出来。如《什么是苏维埃政权》译成汉语仅500余字，却把世界上第一个劳动人民政权的实质、定义、职能以及必胜的未来讲解得十分透彻、清晰，这使许多聆听过他的演讲的人叹为观止。

苏维埃文学奠基人高尔基也曾在回忆录中写道：“能这么通俗阐明最为复杂的政治问题，在我还是第一次听到。”

谈“最为复杂的政治问题”尚且可以简明扼要地阐述，更何况我们平日的交际活动呢？因此，领导者讲话一定要言简意赅，力求精炼。实践表明，会长话短说的领导者，就很容易得到别人的认可和喜爱，提升个人的威信。

现实中常看到一些领导者喜欢讲话，逢会必讲，每讲必长。信口开河，漫无边际，似滔滔江河不绝。因为在他们看来，讲话是显示自己的能力，不讲就会失掉身份。至于讲话有没有用，那不是他们关心的事情。这些领导者可能并不知道，你在那里津津乐道，听者却苦不堪言以致厌恶。实际上，讲话的效果和长短往往成反比。讲话长则效果差，短则效果好，这是实践早已证明过的经验。

以下是一位身为企业领导的主人面对丰盛午餐，向所有客人做的礼貌性致辞。读完原稿以后，请考虑如何删除赘语。

各位来宾、女士们先生们：

首先让我说声大家好，由于平常承蒙各位的照顾，一直希望有报答的机会，聊表我的一点谢意。因此今天特地邀请各位参加这个招待会。各位能在百忙中拨冗驾临，真使我觉得三生有幸，特地在此表示谢意。（第一段）

利用今天的机会讲公事是一件不礼貌的事，但是事不由己，请先接受我的歉意。敝公司数年来苦心研究的新产品已经研制成功，并且在大量生产中，今后开展市场大力推销时，还须借各位助一臂之力，因此特地摆席设宴，聊表心意。（第二段）

过去已有不少新产品仰赖各位出售，并且接到不少订单。敝公司对于成品的销售能有十成的信心和把握，都是大家的赐予，关于这一点，敝公司非常感激。现在再度重托各位，但愿能再为新产品推广销路。总之，请容我再度向各位拜托。（第三段）

至于新产品，比起同类的产品有两项优点，一点是……另一点是……（第四段）

说句真心话，凭这些优点，新产品能够获得好评是理所当然的事。敝公司为了使消费者能认识这项产品，曾经通过大众传播工具，如电视、广播大力宣传，不过最彻底的方法，仍须依赖直销，因此请各位尽力帮忙。（第五段）

今天麻烦各位专程来参加宴会，但因准备不周，未能尽心招待，草草备有薄酒粗菜，还请慢用，并且开怀畅谈。（第六段）

拉拉杂杂讲了一大堆话，非常抱歉，请各位宽恕我的无礼。最后再一次谢谢各位给我们的关怀和照顾。现在谨以拙辞聊表十二万分谢意，并且预祝各位事业如意，精神愉快。（第七段）

你读了这篇讲稿以后，认为应该删除哪些地方呢？第三、第五、第六、第七段的赘词是否需要删除？请大家仔细阅读。依照文句来看，应该说非常详细，那么为什么需要删除呢？请仔细深思。

讲话要长话短说。不过，长话短说并不是目的，目的是要讲有用的话。领导者要善于长话短说，更要善于讲有用的话。做到有话则短，善于讲一些能给人以启迪、对推动工作有实际意义的短话。如果讲话不切实际，满篇套话空话，即使讲话时间不长，却使听者味同嚼蜡，乏味枯燥，还是浪费了时间和精力。

据说，有人曾去询问马克·吐温：“演说是长篇大论好呢，还是短小精悍好？”马克·吐温没有正面回答，而是讲了一个有趣的故事：一个礼拜天，他到教堂去，适逢一位慈善家正用令人哀怜的语言讲述非洲慈善家的苦难生活。当慈善家讲了五分钟后，他马上决定对这件有意义的事情捐助五十美元；当慈善家讲了十分钟后，他就决定将捐款减至二十五美元了；当慈善家继续滔滔不绝讲了半小时之后，马克·吐温又决定减到五美元；慈善家又讲了一个小时后，拿起钵子向大家哀求捐助，并从马克·吐温面前走过时，马克·吐温却反而从钵子里拿走了两美元。马克·吐温原本决定捐助五十美元，最后却变成拿走两美元，似乎太不近情理，但细想起来，却是理所当然的。

鲁迅说过："时间就是生命，无端空耗别人的时间，其实是无异于谋财害命的。"那位慈善家本来只需五分钟就能讲完的话，却滔滔不绝地拉长到六十分钟，致使他的说话形象一落千丈，说话风格令人生厌，这怎能不引起马克·吐温的反感，以至于恶作剧地从那位慈善家的钵子里拿走两美元。关于这一点，领导者特别要注意。

事实上，如果领导者把话说得短些，并不影响讲话的效果，而讲话时间长，并不意味着讲话效果好。讲短话，是在追求效率，是懂得珍惜时间的表现，也是对别人的尊重。更为重要的是，这样的讲话别人才有可能听进去，并认真执行。

在第二次世界大战期间美国人担心日本夜间空袭，于是政府部门颁布了灯火管制命令："务必做好准备工作。凡因内部或外部照明而显示能见度的所有联邦政府大楼和所有联邦政府使用的非联邦政府大楼，在日军夜间空袭时都应变成漆黑一片。可通过遮盖灯火结构或终止照明的办法实现这种黑暗。"

当富兰克林·罗斯福获悉这项指令后，他换上了自己的命令："要求他们在房屋里工作时必须遮上窗户；不工作时，必须关掉电灯。"

哪一种说法听起来更有说服力呢？第一个命令废话连篇，给听者增加了理解的负担，只有在删掉那些官样文字后才能明白这条命令。罗斯福的话简短明了，并以谈话的方式表达。更妙的是，罗斯福让活生生的人参与具体的工作，通过这种方式使这条命令更加具有活力。

用最少的字句，包含尽量多的内容，是说话的最高境界。俗语说得好，蛤蟆从晚叫到天亮，不会引人注意；公鸡只啼一声，人们就起身干活。会说话的人，不一定是说话最多的人，话，贵在精，多说无益。

那么，领导说话时，如何才能做到说话言简意赅呢？

1.培养分析问题的能力

要学会通过事物的表面现象来把握事物的本质特征。你可以对一件事情进行综合概括，然后再运用语言交流，这样就能准确地表达出谈话的重点，同时也会使谈话显得精辟，更有力度。

2.尽可能多地掌握一些词汇，丰富和扩充自己的语言体系

福楼拜曾经告诉我们：“任何事物都不只有一个名词或者动词或者形容词来形容它。”如果讲话者词汇贫乏，说话时即使搜肠刮肚也很难有精彩的谈吐。

3.把复杂的话简单地表述出来

说话言简意赅，不说废话，这样才能显出说话人的干练。

作为一个领导者，言语表达与其自身形象关系十分密切。若说话啰嗦，言语不畅，便会给人糊涂平庸的印象；若说话生动精炼，概括力强，便会让人感到精明强干。因此，凡是想在群众中树立良好形象的领导，都必须在口语表达上狠下功夫。

通俗易懂，让下属听懂你的话

领导者掌握语言艺术最基础的是要使用大众化的语言，要让人家听得懂。如果你在讲话时单纯求奇、求新，而卖弄辞藻，用一些难涩的语汇和专业术语，让人听起来非常吃力，就会影响听众的情绪，即使你费了好大一番口舌，也是费力不讨好，听众不买账。

有一个秀才去买柴，他对卖柴的人说："荷薪者过来！"卖柴的人听不懂"荷薪者"（担柴的人）三个字，但是听得懂"过来"两个字，于是把柴担到秀才前面。

秀才问他："其价如何？"卖柴的人听不太懂这句话，但是听得懂"价"这个字，于是就告诉秀才价钱。

秀才接着说："外实而内虚，烟多而焰少，请损之。"（你的木材外表是干的，里头却是湿的，燃烧起来，会浓烟多而火焰小，请减些价钱吧。）卖柴的人因为听不懂秀才的话，于是担着柴就走了。

故事中秀才的生活环境和文化修养显然与卖柴人有很大的差异，而秀才在于卖柴人沟通的时候，却用了很多书面语言，这些语言完全与卖柴人的语言环境没有交集，因此，秀才每讲一句话都会让农夫费解半天，所以最后，双方的交易无果而终也就是顺理成章了。

现实生活中，我们也会遇到这样的事情。表达不清楚，语言不明白，对方听不懂你说的话，就可能会产生沟通障碍。

有一位医生在一个健康知识讲座上解释横膈膜的时候是这样说的："横膈膜是这样一种东西，如果它被用来呼吸的话，将会明显地帮助肠子的蠕动，而这对你的健康有很大的好处。"结果没有一个人听懂了他的话。于是，那位医生重新作了一番解释：

"横膈膜实际上是一种非常薄的肌肉，它的位置在胸腔底部和腹腔顶部之间，它会随着胸腔和腹腔的呼吸而变化。当胸腔呼吸的时候，它会被压缩，就像一只倒置的盆；而当腹腔呼吸时，它就会被往下推，使它成一个平面，而此时肠胃会受到挤压。而它的这种向下的推力，会按摩和刺激腹腔的上部器官，比如胃、肝、胰等。当人们呼气的时候，胃和肠又往上推压横膈膜，这样的话，就相当于做第二次按摩。这种按摩有助于人体排泄。许多人的身体不舒服，主要是因为肠胃不适，而一旦我们的肠胃因为横膈膜的按摩而得到适当的运动，那么大部分的不舒服都会消失。”这一次，大家都听懂了他的话。

在讲话时，很多人也许因为习惯，也许因为想让别人觉得自己有才华，而过多地运用了一些专业术语。在听的人看来，他们不知道你在说什么，听不懂你的意思，就很容易让沟通陷入了僵局。所以，如果我们一定要说一些专业术语，可以用简单的话语来进行转换，或者在专业术语后面加上解释，让人听后明明白白后，才会达到有效沟通的目的。这也是值得领导者特别注意的一点。

在一个组织或团队里中，不同的人往往有不同的年龄、教育和文化背景，这就可能使他们对相同的话产生不同理解。另外，由于专业化分工不断探化，不同的人都有不同的“行话”和技术用语。如果领导者注意不到这种差别，以为自己说的话都能被其他人恰当地理解，就达不到有效沟通的目的。因此，领导者应该选择大家易于理解的词汇，使信息更加清楚明确，使沟通更顺畅。

有一个采购员被派为办公大楼采购大批的办公用品，结果在实际工作中碰到了一种过去从未想到的情况。首先使他大开眼界的是一个推销信件分报箱的推销员。这个采购员向推销员介绍了他们每天可能收到的信件的大概数量，并对信箱提出一些要求，这个推销员听后脸上露出了若有所思的神气，考虑片刻，便认定这个采购员最需要他们的CSI。

“什么是CSI？”采购员问。

"怎么？"推销员以凝重的语调回答，内中还夹着几分悲叹，"这就是你们所需要的信箱。"

"它是纸板做的、金属做的，还是木头做的？"采购员问。

"噢，如果你们想用金属的，那就需要我们的FDX了，也可以为每一个FDX配上两个NCO。"

"我们有些打印件的信封会相当的长。"采购员说。

"那样的话，你们便需要用配有两个NCO的FDX转发普通信件，而用配有RIP的PLI转发打印件。"

这时采购员稍稍按捺了一下心中的怒火，"小伙子，你的话让我听起来十分荒唐。我要买的是办公用品，不是字母。如果你说的是希腊语、亚美尼亚语或英语，我们的翻译或许还能听出点门道，弄清楚你们的产品的材料、规格、使用方法、容量、颜色和价格。"

"噢，"他开口说道，"我说的都是我们的产品序号。"

最后这个采购员运用律师盘问当事人的技巧，费了九牛二虎之力才慢慢从推销员嘴里搞明白他的各种信箱的规格、容量、材料、颜色和价格。

如果你想使你的谈话更容易被大家理解，你就必须学会使你的语言通俗化，使你的语言成为人人能懂的语言，这样你就算是达到了说话的最高境界。换句话说，你所说的话需要通俗易懂，让更多人听明白。

著名教育家叶圣陶说："通行的说法是大多数人用来传达意思的，是大多数人说惯听惯了的，咱们拿来用，就一丝儿不隔。语言出在咱们心口里，意思透进人家的耳里心里。不太通行的说法、绕一些弯子的说法就不然，即使意思没有错，人家总觉得有些生分、不自然，这多少就是隔。"

叶圣陶的话十分有道理。俗话说："话需通俗方传远。"领导者讲话是让人听的。如果说的话，让人听不明白，尽用一些生疏的行业术语和专业名词，或滥用方言土语，又不能细致介绍一下，那就必然影响讲话效果。也正是在这个意义上，列宁才强调：重视经常和不断的宣传工作，就应当确切地和全面地制定必须加以通俗化的那些原则。

现在，一些领导者作讲话，好过分追求文辞的华美，他们以为这样能换来下属的喝彩。殊不知，其结果往往适得其反，反而丢掉了朴素美的感染力。这点应引以为戒。

在谈话或演讲中，马云很少使用专业的术语或高深的语言，他总是用最通俗的语言、最生活化的案例，阐释最有名的生活哲理。

2011年，马云发表的一篇演讲：“一个公司最值钱的东西是共同的目标、价值观，是这些东西支撑着整个企业。我们的员工可以业绩不好，不可以价值观不好。我们是平凡的人在一起做不平凡的事，如果你认为你是杰出的，你是精英，请你走开。

国内最好的团队是唐僧的团队，刘备的团队是可遇不可求的团队，唐僧的使命感很好：我的目标就是西天取经。唐僧这样的领导不一定要会说话，慈悲为怀，这样的领导很多企业都有。孙悟空呢？能力很强，品德很好，但是缺点也很明显，企业对这样的人是又爱又恨，这样的人才每个企业都有，而且有很多。猪八戒呢？好吃懒做，一个企业没有猪八戒是不正常的。沙僧呢？懦懦无能，挑担牵马，八小时工作制，这样的人企业更多。这是一个平凡的团队，这是严格创造的团队，然而就是这个平凡的团队，经过九九八十一难，才取到真经。

不过要管理这个团队，对领导的要求是很高的。一个领导者要有三样：眼光、胸怀、实力。一个企业家的眼光不好，永远成不了好的企业家。”

运用《西游记》中的四个人物，将一个有效的团队应该具备的人员全部刻画出来，不仅将自己所希望打造“唐僧团队”的本意表达出来，而且还有深刻的教育意义。这就是马云的演讲，通俗易懂，又不失活泼。

通俗易懂的语言最容易被大众所接受。无论你的话多么动听、内容多么重要，沟通最起码的原则是对方能听得懂你的话。所以，在与员工沟通的过程中，领导者要多用通俗化的语句，要让下属听得懂。如果下属听不懂你的方言，你要尽量用普通话；下属不明白你讲的术语或名词时，要转换成对方熟悉的、理解的语言等等。

总之，用对方听得懂的语言进行沟通，是沟通成功的保障。作为领导者，不要简单地认为所有人都和自己的认识、看法、高度是一致的，对待不同的人，要采取不同的模式，要用别人听得懂的“语言”进行沟通！

用幽默感提升领导魅力

幽默生动的语言风格是语言交际中常常出现的。作为领导者，如果能具备这种语言特色，自如地运用这种语言风格，那么对其领导工作必将有很大的帮助。

一天，王经理为活跃团队文化生活，组织员工去卡拉OK唱歌。但大家相互推托均表示“唱得不好”而出现冷场。王经理貌似严肃地说：“今天唱歌有一个要求，那就是谁都不许唱得好听，必须怎么难听怎么唱，越难听越好！”随后，王经理指定新职员小李先唱，小李不得不唱，大家在离谱的跑调歌中开心地笑作一团。小李唱完后，王经理带头鼓掌喝彩：“好！唱得非常好，完全符合我的要求！”王经理幽默的言语让联欢进行得很愉快，也让大家深深地被他的个人魅力所折服。

幽默是人们调节生活的味精，对领导者而言，幽默的谈吐不仅可以增加亲和力，而且可以折射出智慧的光芒。恩格斯说过，幽默是具有智慧教养和道德优越感的表现。讲话幽默与富有风趣是讲话者必备的素质之一。

幽默是瞬间闪现的智慧火花，也是人的一种鲜明的个性特征。它不仅需要一种快速的反应能力，而且需要一种对事物敏感、想象丰富的幽默气质。而反应的敏捷和幽默的气质，来自广闻博见的知识联想和对生活的深刻体验与观察。

据美国针对1160名管理者的调查显示：77%的人在员工会议上以讲笑话来打破僵局；52%的人认为幽默有助于其开展业务；50%的人认为企业应该考虑聘请一名“幽默顾问”来帮助员工放松；39%的人提倡在员工中“开怀大笑”。一些著名的跨国公司，上至总裁下到一般部门经理，已经开始将幽默融入日常的管理活动当中，并把它作为一种崭新的培训手段。

幽默作为领导者的一种优美、健康的品质，恰如其分地运用会激励下属，使之在欢快的氛围中度过与你相处的每一天。幽默的领导者比古板严肃的领导者更易于与下属打成一片。有经验的领导者都知道，要使身边的下属能够和自己齐心合作，就有必要通过幽默使自己的形象人性化。

王主任中年谢顶，在一次年终酒会上，有一个小伙子在敬酒时不小心洒了一点啤酒在王主任头上，王主任望着惊慌的小伙子，用手拍了拍对方的肩膀说：“小老弟，用啤酒治疗谢顶的方子我实验过很多次了，没有书上说的那么有效，不过我还是要谢谢你的提醒。”

全场顿时爆发出了笑声。人们紧绷的心弦松弛下来了，王主任也因他的大度和幽默而颇得大家的赞许。

幽默作为一种语言艺术，在管理中有着重要的作用。在富有幽默艺术的领导者周围，很容易聚集一批为他效力的员工，员工在与他们的领导者共事时，领导者的幽默会摆脱许多尴尬情景，使员工保住面子，并为有你这样的领导而高兴，并为你勤奋工作。

一位将军到基层检查工作，他召开一个士兵座谈会，想了解一下士兵们自主学习的情况。尽管将军深入浅出地启发，平易近人地诱导，但士兵们还是有点紧张，显得很拘谨。突然，将军问一名士兵："你知道马克思是哪国人吗？"那名士兵不假思索地回答："马克思是苏联人。"刹那间，知道答案的士兵都想笑而又不敢笑，有的人甚至为这名士兵担忧，以为将军会对他严加批评。可谁也没想到，将军却笑容可掬地说："是呀，马克思也有搬家的时候啊！"话音一落，笑声四起，座谈会的气氛顿时变得活跃起来，士兵们大都说出了自己的心里话。

善用幽默的领导者具有很强的领导魅力，更容易获得下属的认同与追随。很多成功领导者的实例都表明，通过幽默使自己的形象人性化是使下属与自己齐心合作的关键。

在工作中，我们时常可以看到，有的领导者做报告时饶有风趣，下属们都爱听；做思想工作时，语言生动，容易入耳入心，下属都乐于接受；平时和下属接触，大家觉得他可亲可爱，都愿意和他接近。这样的领导者，必然会赢得下属的尊重和爱戴，人际关系也会协调得好，在工作中会收到事半功倍的效果。如果说管理是科学严谨的事，那么，适当的幽默管理就是管理中最能体现幽默的调味品，它有利于更好地调动员工的积极性，增强团队的凝聚力，加强团队成员的亲密度，提高沟通的效率，缓解工作压力带来的紧张感。如果说严谨是管理的常态，那么，幽默就是严谨之外的润滑剂。

有一位年轻人新近当上了董事长，上任第一天，便召集公司职员开会。他自我介绍说："我是杰利，是你们的董事长。"然后打趣道："我生来就是个领导人物，因为我是公司前董事长的儿子。"参加会议的人都笑了，他自己也笑了起来。他以幽默来证明他能以公正的态度来看待自己的地位，并对之具有充满人情味的理解。实际上他委婉地表示了：正因为如此，我更要跟你们一起好好地干，让你们改变对我的看法。

幽默可以显示出领导者高超的说话水平，恰到好处的幽默往往能取得意想不到的效果。领导者进行管理的目的是为了使他的下属能够准确、高效地完成工作。轻松的工作气氛有助于达到这种效果，而幽默则可以使工作气氛变得轻松。

一个可怜的、严肃的美国省议员觉得受到了别人的侮辱，怒气冲天，迫不及待地想报复，但一时又找不到什么方法，结果，他的行为举止好像一个小学生一样幼稚：小学生往往会去向老师告状，要求老师去惩罚他的敌人，这个议员则是去主席那里申诉。

这个议员找的是麻省省议会的主席柯立芝。这个议员所受的委屈使他相信柯立芝一定会替他当场主持公道的，但是，柯立芝却以一种非常幽默的方式把这件事解决了。

纠纷是这样引起的：当另一个议员在进行一场很漫长的演讲时，这个议员觉得对方占用的时间太长，就走到对方跟前低声说："先生，你能不能快点……"话未说完，那个正在演讲的议员便回过头来，用严厉的口气低声呵斥他："你最好出去。"然后继续演讲。于是，这个受了委屈的议员走到柯立芝面前说："柯立芝先生，你听见某某刚刚对我说的话了吗？"

"听见了，"柯立芝不动声色地答道，"但是，我已经看过了有关的法律条文，你不必出去。"

柯立芝这种回答实在是太聪明了，他把那位议员的愤怒当成了玩笑，没有让自己卷入这种儿童式争吵的旋涡中去，就是因为他能看出这种无聊争吵的幽默之处。

幽默生动在领导者的实际工作中是十分有效的一种语言风格，它常常能使你化干戈为玉帛，变尴尬为轻松，为融洽气氛、协调关系，起到意想不到的作用。在西方，作为领导者，幽默感是必不可少的一种素质，在我国，作为领导者，具备幽默感也有百利而无一害。所以，每位领导者都应有意识地培养和运用幽默生动的语言，取得更好的工作效果。

那么，怎样培养幽默感呢？

1. 不断丰富自己的知识

幽默是一种智慧的表现，它必须建立在丰富知识的基础上。一个人只有具备审时度势的能力，广博的知识，才能做到谈资丰富，妙语成趣，从而做出恰当的比喻。因此，要培养幽默感必须广泛涉猎，充实自我，不断从浩如烟海的书籍中收集幽默的浪花，从名人趣事的精华中撷取幽默的宝石。

2.灵活运用修辞手法。

极度的夸张、反常的妙喻、顺手拈来的借代、含蓄的反语，以及对比、拟人、拈连、对偶……都能构成幽默。另外，选词的俏皮、句式的奇特也能构成幽默。表达时，特殊的语气、语调、语速以及半遮半掩、浓淡相宜或者委婉巧妙、引而不发，甚至一个姿势、一个心照不宣的微笑，都能表达意味深长的幽默和风趣。

3.培养高雅的情趣。

幽默是有雅俗之分的。好的幽默不但令人笑，笑之后精神还为之振奋，情操得到陶冶，感情得到满足，得到美的享受，而且也表现了幽默人的修养、气质的高超。而低俗的幽默，是智力贫贱的产物，使人觉得荒唐、无聊与庸俗，幽默者本人是不会得到真正的朋友的。

4. 培养深刻的洞察力。

提高幽默感的另一个重要方面就是提高观察事物的能力，培养出机智、敏捷的能力。只有迅速地捕捉住事物的本质特征，以恰当的比喻，诙谐的语言，才能使人们产生轻松的感觉。

总之，幽默是一个人智慧的表现，是修养、学识、品格等方面才识的结晶。切莫小看那些即兴发挥的三句两句简短的幽默的话，它蕴涵着讲话人平时勤奋好学、博览多识、日积月累的心血。一个领导者只有平时善于学习，善于观察，善于积累，不断充实和丰富自己，才能真正学会幽默的艺术。

言谈之间尽显对他人的尊重

古人云："尊人者，人尊之"，尊重他人，这是一项非常重要的做人的道理。人与人之间的交往，都应建立在真诚与尊重的基础上。人唯有尊重他人，才能尊重自己，才能赢得他人对自己的尊重。

"尊重"这个词听起来、说起来容易，做到却很难。"尊重"是一种很高的修养，是由里而外透射的人格，而这种人格是需要修炼积累的，这也成为衡量一个卓越领导者的标准。

尊重原则就是说话人所表达的言辞要能尊敬、重视对方，而不能侮辱、歧视、损害对方。尊重原则的把握不仅是言辞表达的要求，而且体现着说话人的品格修养。

汉代徐干的专著《贵言》提出：“君子必贵其言，贵其言则尊其身，尊其身则重其道，重其道所以立其教。”事物都是相辅相成的，尊重别人，别人才会尊重你。俗话说，你敬我一尺，我敬你一丈，就是此理。你不尊重别人，别人也不会尊重你，结果，彼此都不沟通、合作，显然达不到交际的目的。

曾经有一位美国经理负责管理印度尼西亚海洋的石油钻井台，一天他看到一个印尼雇员工作表现比较糟糕，就怒气冲冲地对计时员说：“告诉那位混账东西，让他搭下一班船滚开！”这句粗话使这位印尼雇员的自尊心受到极大的打击，他被激怒了，二话不说，操起一把斧子，就朝经理杀来。经理见状大惊，连滚带爬地从井架上逃到工棚里。那位雇员紧追不舍，追到工棚，恶狠狠地砍倒了大门。这时，幸亏井台的人及时赶到，力加劝阻，才避免了一场血光之灾。

这位美国经理为自己极不尊重下属的态度差点付出了生命的代价。现如今，也有一些领导者在管理的过程中，永远高高在上，根本不尊重下属的劳动。有的领导习惯了对下属颐指气使、指手画脚、呼来喝去；有的领导者喜欢让下属唯命是从，下属稍有不同意见便横眉竖目、态度粗暴，甚至常常以“你不愿意干，有的是人愿意干”之类的话相威胁。试想，这样的领导者怎么能得到下属的认同和信任呢？

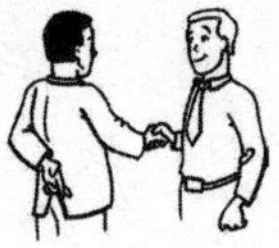

身为领导者，只有尊重你的下属，下属才能更好地尊重你，配合你的工作。每个公司面临的最严重的问题都是人的问题，员工是公司最重要、最富有创造力的“资产”，他们的贡献维系着公司的成败。每一名员工都希望自己的意见、想法被领导者重视，都希望自己的能力得到领导的认可。一旦他们感觉到自己是被重视的、被尊重的，他们就会有一种不负使命的心理，工作意念也就格外高昂。

尊重是沟通心灵的桥梁。尊重他人，我们与人沟通就有了良好的开端。没有尊重的沟通是不可能持续下去的。只有相互尊重，才能相互认可，体验对方的心情，让对方乐于接受。日本著名企业家松下幸之助的故事相信对领导者有一定的启发。

有一次，松下幸之助与员工在松下电器公司的餐厅里就餐。一行人都点了牛排。当他们都吃完主餐之后，松下便让助理去请烹调牛排的主厨过来。

助理注意到松下幸之助几乎没动放在他面前的牛排，他猜想松下肯定是嫌牛排做得不好，想过一会儿可能会有尴尬的场面。

主厨很快来了，他的表情很紧张，因为他知道自己面前的是松下的总裁松下幸之助先生。

当厨师怀着忐忑不安的心情准备挨批评时，松下说：“你做的牛排很好吃。我今天只吃了一点，因为我今天胃口不是很好。不找你来说清楚我怕你会错以为自己做的牛排不好呢。”

厨师和其他员工都困惑得面面相觑，大家过了好一会儿才明白这是怎么一回事儿。

“我想当面跟他解释清楚，主要是我担心他看到我吃了一点的牛排被送回厨房，心里会很难过。”可以想象，如果你是主厨，听到松下先生这么说，你会有什么感受？是不是会感到备受尊重？其他的员工听到松下先生这么说，对他更为佩服，也会更愿意、更加努力为松下集团工作。

还有一次，松下对一名管理人员说：“我个人要做很多决定，并要批准他人的很多决定。实际上只有40%的决策是我真正认同的，余下的60%是我有所保留的，或我觉得过得去的。”

管理人员很不解，他觉得只要是松下不同意的事，完全可以否决。

“你不可以对任何事都说‘不’，对于那些你认为过得去的计划，你大可在实际过程中指导他们，使他们重新回到你所预期的轨迹。我想一个领导人有时应该接受他不喜欢的事，因为任何人都不喜欢被否定。”

关注员工的感受，真诚地、发自内心地尊重员工，这也是松下幸之助的领导风格。

尊重的最高境界不是体现在轰轰烈烈的大事之中。有时候，越是微不足道的生活细节，越是不经意的自然流露，越发见得尊重的可贵。

任何人都需要被尊重，当你把一份工作计划交给员工时，请不要用发号施令的口气。真诚恳切的口吻才是你的上上之选。对于员工出色的工作，一句“谢谢”不会让你付出太多，却能得到丰厚的回报，在实现甚至超过你对他们的期望时，员工们会得到最大的满足，当他们真的做到这一点时，用上一句简单的“谢谢，我真的非常感谢”就足够了。当然，不能因为你高兴了就尊重员工，尊重不是停留在口头上的，即使员工的工作做得很糟糕，他们也付出了自己的汗水和劳动，也是值得尊重的。

某校在评定职称时，由于高级职称的名额有限，一位年龄较大的教师未能评上。因为评选工作是保密的，这位老教师便向一位负责职称评定的副校长打听情况。副校长考虑到工作迟早要做，便和这位老教师促膝交谈：

校长：哟：老×，什么风把你给吹来了。

老师：校长，我想知道这次评高级职称，我有希望吗？

校长：老×，先喝杯茶，抽支烟。我们慢慢聊，最近身体怎么样？

老师：身体还说得过去。

校长：老教师可是我们学校的宝贵财富，年轻教师还要靠你们传帮带呢！

老师：作为一名老教师，我会尽力的。可这次评定职称，不知道能否……

校长：不管这次评上评不上，我们都要依靠像你这样的年长教师。你经验丰富，教学也比较得法，学生反映也挺好。我想，对于一名教师来说，这一点，比什么都重要，你说呢？

老师：是啊！

校长：这次评职称是第一次进行，历史遗留的问题较多，可僧多粥少，有些教师这次暂时还很难如愿，要等到下一次。这只是个时间问题。相信大家一定能够谅解。但不管怎样，我们会尊重并公正地评价每一位教师，尤其是像你们这些辛辛苦苦工作几十年的老教师。

……

老教师在告辞时，心里感觉热乎乎的，他知道自己这次评上高级职称的希望不大，但由于自身得到了别人的尊重，成绩受到了别人的肯定，用他对校长的话讲："只要能得到一个公正的评价，即使评不上我也不会有情绪的，请放心。"

哲学家威廉·詹姆士说过：“潜藏在人们内心深处的最深层次的动力，是想被人承认、想受人尊重的欲望。”渴望受人喜爱、受人尊敬、受人崇拜，这是人类天生的本性。但是，有取必有予，我们希望获得些什么，也就必须首先付出些什么。我们希望获得下属的尊重，首先要学会尊重下属，这样我们才能获得下属的尊重。

“己所不欲，勿施于人”，是尊重他人的基本原则。心理学研究表明，人都有友爱和受尊敬的欲望，并且交友和受尊重的希望都非常强烈。人们渴望自立，成为家庭和社会中真正的一员，平等地同他人进行沟通。如果你能以平等的姿态与人沟通，对方会觉得受到尊重而对你产生好感；相反地，如果你自觉高人一等、居高临下、盛气凌人地与人沟通，对方会感到自尊受到了伤害而拒绝与你交往。

华润集团副总乔世波先生在香港经常碰到有人问他：“这是你的‘马仔’吗？”乔总急忙摇头说：“这是我的‘同事’。”有一次，他和华润研究部负责人一同出席企业高层聚会。在会上，一位企业老总举杯向华润研究部负责人敬酒，并对乔世波说：“乔总，我向你的属下敬一杯酒。”乔世波马上纠正说：“不是我的属下，是我的同事。”一共纠正过三次。事后，有人问他为什么要纠正？乔世波解释说：“我们华润非常注重团队合作精神，并不看重权力和职位的差异。团队成员之间的关系是‘同事’，这些同事有独立的分工，也是相对分级的领军人物，但大家的合作是平等的。”

在工作中，职位的不同只是工作的内容责任不同，人人是平等的，没有贵贱之分。所以，领导者必须同等地尊重每一个人。

任何人都有自尊和被人尊重的需要。如果你不能满足他人的这种最基本、最简单的需要，那么他人肯定不愿意与你相处。一句古语说得好：“君子敬而无失，与人恭而有礼。”只有尊敬别人才能换来别人对你的尊敬，只有互相尊敬才能互相受益。

我们活在这世上，人人都需要别人的尊重与认可。对领导来说，当你主动尊重下属，给下属以真诚、温暖与鼓励的时候，他们也将用同样的方式对待你。

言出必行，赢得下属信赖

君子一言既出，驷马难追；言必信，行必果，这是做人的学问，也是领导讲话的学问。人无信不立。一个国家，一个单位，一个企业，没有信用也难以立起来。领导靠信义树立起来的权威，基础更牢固，更有持久性。傅玄在谈到信用时说："以信待人，不信思信；不信待人，信思不信。"以诚信待人，人必诚信；以欺诈待人，人必欺诈。约翰·巴尔多尼在《管理者诚信是金》一文中指出，"诚信对于一位管理者来说至高无上。有了它，他才能够领导人们到达'承诺之地'；没有它，他就会在期望失落的荒漠上徘徊不前。诚信一旦失去，也许就无法重新获得。因此，对于任何一位希望有所建树的经理，一大教益就是要保护好你的诚信，照顾好它，永远不要把它丢失。"

春秋时期，晋文公有一次率领军队攻打原城，他与全军将士约定只打十天，十天打不下来就撤兵。于是每个人只带了十天的口粮就出发了。到了原城，虽然全军将士奋勇作战，但由于原城人顽强抵抗，故而一直过了十天原城还没有被攻破。于是晋文公就下令收兵回国。这时，有一个从原城出来的人见到晋文公说："原城里的粮食快吃完了，士兵也没有力气作战了，他们最多只能再坚持三天。"群臣也都向晋文公进谏说："我们还是再坚持一下吧，再过三天我们就可以得到原城了。"晋文公说："我和将士们约定好只打十天，现在已经十天了，如果我不撤兵，那我就失信了。得到了原城却失去了信用，这是很不值得的，我不能这样做。"于是就收兵而去。原城人听说了这件事，都说："哪有像他那样守信用的君主，我们为什么不归顺他呢？"于是原城人就归降了晋文公。卫国听说了这件事，也说："能有个君主像他那样守信用，我们为什么不也归顺他呢？"于是卫国人也归顺了晋文公。

无论说话办事，领导者一定要言而有信。只要答应过的事情，就要"言必信，行必果"。只有这样，才能得到他人的信任。否则，一切弄虚作假行为，终究弄巧成拙，从而惨遭失败。

普鲁士陆军元帅布吕歇尔是一位诚实守信的将军。有一次，他率领大军在崎岖的山路上急急忙忙地行军，他必须尽快去援助威灵顿。战时一刻值千金，但此时士兵已经疲惫不堪，道路泥泞，部队实在难以快速前进。布吕歇尔不停地鼓励士兵们加油："快点，孩子们——向前、再快点。"士兵们已经汗流浃背，已经尽力了，已经不可能再快了。布吕歇尔还是不停地鼓励他们："孩子们！我们必须全速前进，我们必须准时到达目的地。我已经答应了我的兄弟部队，你知道吗？你们千万不可让我失信！"在他的感召下，士兵们一鼓作气，终于准时到达了目的地。

领导者的信誉是一种巨大无比的影响力，也是一种无形的财富。领导者如果能赢得下属们的信任，众人自然就会无怨无悔的服从他、尊敬他。反之，如果经常言而无信、出尔反尔、表里不一，别人就会怀疑他所说的每一

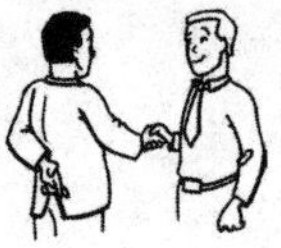

句话，所做的每一件事。日本经营之神松下幸之助说过：“想要使下属相信自己，并非一朝一夕所能做到的。你必须经过一段漫长的时间，兑现所承诺的每一件事，诚心诚意地做事，让人无可挑剔，才能慢慢地培养出信用。”假如你要增进更多的领导魅力，必须努力做好一件事：让你的下属称赞你是一位言行如一的人。

信赖是卓越领导者的宝贵资产。领导者必须重视长期培养自己的个人信用，比如说什么时候加薪，说了之后一定得兑现。失信于下属是对下属的最大伤害。说到做到，是对自己的行为负责，也是对下属负责。

但现实生活中，有的领导者为了激发下属的积极性，对下属的要求，不管合理与否，不管能否办到，一律满口答应。还有的轻易许愿。这虽然会赚得下属一时高兴，但因很多要求是不应满足或无力满足的，当过一段时间诺言不能兑现时，下属就会对管理者不满。

有一家外贸公司的年轻地区市场负责人王先生，很想将分公司的销售问题解决，于是就向销售部门提出种种计划。当他每一次出差到总公司去时，就向销售部门负责人如此地说：“我那边的产品A销售不佳，要求减少该产品的供应量”，“目前我那边产品B销售量增加，应该适当地增加货源”，“顾客普遍要求送货上门，我们是否考虑开办这项业务，方便顾客也能保持客源”等，每一次他提出这些问题时，销售科长都会回答他说：“是这样啊！晓得了，我可以考虑一下”，或“我可以和上司商量一下，以后再说好了”。就这样，总是无法给他一个明确的答复。

一个月两个月很快地过去了，而销售变动的只有申请中提到的那些事而已。王先生遂想尽各种办法，通过厂长向总公司的常务董事打报告。常务董事听后说：“原来是这样，我晓得了。我会好好安排，去让销售科长办妥此事。”王先生从常务董事处听到此消息后，非常高兴，以为销售问题即将解决，遂告诉员工和顾客问题很快会解决，只是时间的问题。

又过了三个月，却毫无动静，到了第六个月，才有了小的销售变动，不过，只是些表面的工作而已。到此，下属和顾客对王先生的不信任感，愈加强烈了。其实，王先生确实做了很大的努力，而其下属和顾客仍不免在背后批评他。可怜！错并非在王先生本身，由于他急于解决问题，却又处理不当，徒然惹来这些非议。这个例子很具代表性。

俗话说，轻诺者必寡信。凡是那些喜欢开空头支票的领导，结果无一例外是众叛亲离！承诺是一把“双刃剑”，它既能激励人们的信心，鼓起人们的勇气，也能打击人们的决心与勇气。对领导者来说，最重要的是言而有信，对没有把握的事情不要轻易去许诺，因为无法兑现许诺将比不许诺更糟。把握好承诺与兑现的尺度，是每个管理者的必修课。

不论什么情况下，领导者对下属出尔反尔都是一件非常严重的事情，它会极大地损伤下属的积极性，还会损害领导者的声誉和信用。因此，在许诺之前，领导者须经过一番深思熟虑，对工作运行结果做出合理性预见，确定兑现承诺有无可能，切忌不假思索、不切实际地胡乱许诺一通。否则，既是对职下属感情的伤害，也是对自身形象的不负责任。

说到就要做到，是领导者自身最宝贵的无形资产，应该说这也是领导者在管理员工中的立身之本。李嘉诚在总结自己的成功经验时说：“人的一生最重要的是守信，说到就要做到。我现在就算有多十倍的资金，也不足以应付那么多的生意，而且很多是别人找我的，这些都是为人守信、说到就要做到的结果。”

那么如何才能做到恪守承诺，按时做你说过要做的事情?

1.说话留有余地

作为领导者，说话许诺时要学会留有余地，不要把话说满。这样做好处有二：第一，以防万一事情有变而给自己留有回旋的余地。第二，超出下属的心理预期，给大家一个意外惊喜。比如：当初允诺下属六，下属得到八，下属会感觉很好，感激不尽，当初如果允诺下属八，下属也得到了八，下属会感觉理所当然。当初允诺下属十，下属只得到了八，下属会觉得你在骗他，不诚信，同样是下属得到了八，效果如此悬殊其关键的原因就是允诺和兑现二者关系问题处理的艺术与否。

2.说到就要做到

既已许诺，领导者就要有“一言既出，驷马难追”的气魄和风度，需要做到“言必信，行必果”，兑现承诺，给下属以信心和安全感。这是树立权威的基本要求，也是领导者人格魅力之所在。

3.许诺要清楚明白

虽然要谨慎许诺，但是在实际的工作中不可能不许诺，因为没有许诺就没有激励，任何员工都需要激励，许诺无处不在，但是许诺时应把握一条，许诺的条款明明白白，不要含糊其辞，为什么呢?因为同一样一句话，不同的人理解是不一样的，即使同一个人在不同环境，不同心境下理解也是不一样，无论怎么理解，人们有一共性哪能就是往自己最有利的那一面去理解，所以，承诺给员工时一定要讲得清清楚楚，明明白白，尽量不要给员工理解产生歧义的可能，这样保证许诺是刚性的。也就是说大家努力的目标是一致的，不然事成之后大家的矛盾也就产生了。

4.学会处理意外情况

很多时候，当领导者听到下属请求时，往往认为事情较易实现，便一口答允，而不详加考虑各种情况。事后，由于情况变化，或本身判断错误，以致发生执行上的困难，而失信于下属。此时，唯一的解决之道即是道歉，真诚的请求下属原谅。如此，下属必能释怀。

总之，领导者要深刻认识到“一诺千金”的重要性。因为你是领导，你的话具有一定的权威性。如果你自己破坏了这一权威性，你的下属也不会对你保持信赖和尊敬。

少下命令，多用商量的语气

在工作过程中，领导者对下属下达任务，发号施令，这是很自然的事情。可是，怎样下达命令才会使你的计划能得到彻底的实施呢？才能使下属容易接受呢？

有很多领导者，总以为自己手里有权，就可以颐指气使，有事就大嗓门地命令下属去干。他们经常这样说：“小王，把这份材料赶出来，你必须尽你最快的速度，如果明天早上我来到办公室在我的办公桌上没有看到它，我将……”或者是：“你怎么可以这样做？我说过多少次了，可你总是记不住！现在把手中的活停下来，马上给我重做！”

当你这样下命令时，你的下属一定会面色冰冷、极不情愿地接过你派给他们的任务，去完成它，而不是做好它。原因是没有人会喜欢你这种命令的口气和高高在上的架势！

人们大多数是不喜欢被人呼来唤去的。与其用命令的口吻来指挥别人做事，倒不如采取一种商量的方式，“你可以考虑这么做吗？”“你认为这么做行吗？”这样的商量性指令方式，将会使你的下属有一种身居某个主要位置的感觉并对问题有足够的重视。

有一个员工这样说自己的上司：他从来不直接以命令的口气来指挥别人。每次，他总是先将自己的想法讲给对方听，然后问道：“你觉得，这样做合适吗？”当他在口授一封信之后，经常说：“你认为这封信如何？”如果他觉得助手起草的文件需要改动时，便会用一种征询、商量的口气说：“也许我们把这句话改成这样，会比较好一点。”他总是给人自己动手的机会，他从不告诉他的下属如何做事；他让他们自己去做，让他们在自己的错误中去学习，去提高。

可以想象，在这样的领导者身边供职，一定会让人感到轻松而愉快。事实表明，一个领导者用商量的语气和自己的下属交谈会比命令的口气起到更好的效果。因为这种方法，能维持下属的自尊，使他以为自己很重要，从而希望与你合作，而不是反抗你。

要让下属服从和尊重，靠的不是装腔作势的命令，而是尊敬地说一声：“拜托！”缺乏魅力的领导喜欢对秘书说：“给我复印这份文件。”而值得信赖的领导则说：“请你帮我复印这份文件，好吗？”前者是典型的命令口气，后者则是询问口气。在听者看来，当然是后一种方法让自己感到被尊敬和愉快。以上只是一件小事，真正的大事面前，用询问和拜托的语气无形中其实是对下属的一种托付，增强了下属的责任心。表面上是拜托，实则令对方有一种责任感和被信赖感。比如：“有你在应该很有把握了”、“这件事靠你了”、“这件事依你的想法做吧”、“我想不到比你更适合的人”、“这件事由你处理我会较为放心”等。对方有被信赖的感觉，无形中给了他“只能成功”的压力及不能有负所托的责任感。而在压力的推动下，人的潜能往往容易调动起来。

在一个盛夏的中午，一群工人在树荫下休息着。一位监工走上去把大家臭骂一顿，工人们畏惧监工，立刻站起来去工作了。可是当监工一走，他们便又停手了。反复几次，这个监工意识到这种命令的方式无法让工人们持续工作。于是，他换了一种态度，和颜悦色地说道，“天气真热，坐着休息还不断地流汗，这怎么办呢！现在这一些工作很要紧，我们忍耐一下来赶一赶好吗？我们早早赶好了，早早回去洗一个澡休息，怎么样？”工人们听完后，一声不响地忍着暑热去工作了。

这就是征求意见之后再给下属下达命令的好处。世界上几乎没有任何一个人真正地喜欢听从别人发号施令，相反地，大多数人更愿意别人征求自己的意见和建议，用协商的口气与自己交谈。这也许是人的共性。

松下公司前总裁松下幸之助说：“不论是企业或团体的领导者，要使属下高高兴兴，自动自发地做事，我认为最重要的，要在用人和被用人之间，建立双向的，也就是精神与精神，心与心的契合、沟通。”他看到了领导与下属的沟通的重要性，因而在实际中身体力行，终于取得了成功。要达成领导与下属心与心的契合、沟通，关键的就是与下属一起交流商量。

在下达命令之前是否和下属商量，是否征求了他们的意见，对下属来说完全是两种不同的感受。不与他们进行任何商量，直接下达命令和任务，下属就会感觉这是在为领导完成任务，即使有一定的积极性，也发挥不出自己的潜能。

但是，如果先同他们进行商量，先征求一下他们的意见，就会使下属认为这是领导对自己能力的信任和认可；如果下属的意见和领导的一致，或者更好，工作是按照下属的意见来做的，那么下属也会认为这是自己的意思，是在为自己工作，做好做不好关系着自己在领导心目中的形象和地位，关系着别人对自己的看法，所以就必须做好。这就可以充分发挥下属的积极性，

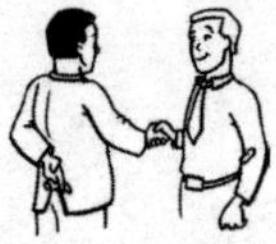

使他们更好地完成任务。

约翰是一家小厂的高层管理者。有一次，一位商人送来一笔大订单。可是，他的工厂的活已经安排满了，而订单上要求的完成时间，短得使他不太可能去接受它。

可是这是一笔大生意，机会太难得了。

他没有下达命令要工人们加班加点地干活来赶这份订单，他只召集了全体员工，对他们解释了具体的情况，并且向他们说明，假如能准时赶出这份订单，对他们的公司会有多大的意义。

“我们有什么办法来完成这份订单呢？”

“有没有人有别的办法来处理它，使我们能接这份订单？”

“有没有别的办法来调整我们的工作时间和工作分配，来帮助整个公司？”

工人们提供了许多意见，并坚持接下这份订单。他们用一种“我们可以办到”的态度来得到这份订单，并且如期出货。

领导者在安排下属去做事时，最好多用一些协商的语气，让下属知道你在安排他工作的同时也是在征求他的意见，这样他就比较容易接受，并且能快速有效地完成任务，否则，下属工作起来也是心不甘情不愿的。

事实表明，领导者应多用“商量”、“建议”而不用“命令”。这样，你不但能使对方维持自己的人格尊严，而且能使人积极主动、创造性地完成工作。即便是你指出了别人工作中的不足，对方也会乐于接受和改正，与你合作。所以，如果你要向下属下达命令，让他做你想要他做的事或是要他改正错误，那就避免使用“命令”的口吻，不妨试试“商量”的方法。

明确说话目的，不要东拉西扯

明确说话的目的，是说话取得成功的首要条件。

说话是一种有意识的交际活动，讲述事情是为了让对方了解情况；说明道理是为了取得对方的同意和支持；提出要求是希望对方理解和服从。所以，说话时首先要目的明确。

目的明确是言语表达最基本的要求。所谓明确，就是语言明晰，意思确定。讲话者在大多数情况下，说的话都应当是明确的，绝不能含糊其辞，模棱两可。

讲话要明确，体现了言事的简明性和效率性。讲话者不仅要有深刻而系统的思想体系、明晰的观点，而且还必须学会运用简明扼要、准确精当的言语，恰如其分地表达自己的思想，做到言简意赅、新颖精辟。

张芳是经理的秘书，做事仔细、认真负责，但令经理头疼的是，张芳在汇报时常常控制不住话语，一说就是大半天，但其实他说的无非就是几点内容。

这天，张芳来到经理的办公室，打开话匣子就说："经理，今天您的日程安排挺多的。早上您要和张总谈合作的事情，这个合同是……中午的时候约好了王总，要和他一起洽谈项目的事情，这个项目是……下午您还要在员工大会上发言，是关于……"

张芳滔滔不绝说了大半天，却没发现经理的脸色已经变了。

经理不耐烦地打断他说："你把这几件事情用备忘录的形式写好给

我就行了，我时间有限，没那么多时间听你说了。”

张芳听到经理的话，只好退出了办公室，她还一直纳闷为什么经理不愿听自己汇报日程安排的事情。

故事中的张芳其实犯了喋喋不休的坏毛病。经理每天事务繁忙，如果秘书在汇报工作时不会言简意赅地说明问题，只会引起经理的反感。

当我们与他人谈话时，尤其要注重思维的重点所在，想好之后，用最精辟的语言将之陈述出来，不要拖泥带水，这样才能让对方更快地明白我们的意思。特别是领导者，表明观点更要准确清晰，干脆有力，让对方清楚你的立场，这样你就会控制住局面，占据主动。

有个单位的领导，在植树节的前一天把全机关的人员集中起来布置任务：同志们：4月的第一个星期天是植树节。明天，4月1日，就是植树节。咱们明天上午8点半在机关门口集合，参加半天街道的植树。带小孩的女同志、身体不好的和年老的同志不用来了。请大家一定记住，明天就是4月1日，植树节，明天是个星期天，大家把家里的事安排一下。明天上午集合的时间是8点半，集合地点就在机关门口，只干半天，不用带吃的。明天干活，大家最好穿件旧衣服，穿双布鞋或者什么胶鞋，像你们穿西服的，穿皮鞋的，最好换一换。明天，咱们预备了工具，大家不用带。你们带小孩的女同志，你，小王，你，小贾，噢，还有你，小宋，还有谁呀，你们就不用来了。身体不好的，大李、老张你们也不要来了吧，还有上年纪的老同志，老孙、老赵，你们就算了吧。当然，你们有小孩的，身体不好的，上年纪的硬来了，我们也不会撵你们回去的。最后，我再重复一遍，明天，也就是4月1日上午8点半在机关门口集合，种半天树。带小孩的、有病的、年老的可以不来。大家听清楚了没有？还有没听清楚的没有？没有，那就解散吧。

这位领导，唯恐别人听不明白他的话，于是翻来覆去啰唆，其实就是两句话："明天上午8点半在机关门口集合种半天树。有小孩、有病的和年老的同志可以不来。"

谈话时主旨不明、杂乱无章、前后不一，这样叫人很难领会其中的道理，只会让人厌烦。

生活中，很多人说话容易出现"跑题"的情况，明明是讲一个问题，结果去东拉西扯，说了一堆不着边际的无用话，脱离了主题，偏离了目的。

事实上，说话就是为了表达自己的意图，清楚、动听只是让人乐意接受的形式，舍本逐末忘了自己的原本意图可就得不偿失了。所以，说话关键是要有明确的主题。主题明确了，思路才能清晰，才能分清主次，也才能捡重要的说，说到位，一语中的。

说话始终是服务于一个最终目的的。谈话时如果主旨明确、内容相关、有条不紊，就能使人很容易领会。如果目的不明，不顾场合地信口开河、东拉西扯，对方就会不知所云，无所适从。

因此，每次说话之前，领导者不妨扪心自问："我为什么要说？"或者"人家为什么要我说？"预先想一想可能产生的效果，并把预期的效果当作目标并为之努力。

解雇下属的语言技巧

对任何一位领导者来说，解雇下属可能都是一件很伤感情的事，也是每一领导者所不愿意经历和面对的情景。即使它不是领导工作中最棘手的事情，恐怕也差不多了。

对于领导来说，解雇下属是很艰难的事情。但是对于下属来说被解雇无论从经济上还是情感上来说都是巨大的灾难。所以，解雇下属时应该坚守一条原则：缓和被解雇下属痛苦的处境，带领他们受伤的灵魂穿越恐惧与自我怀疑的河流，直到希望的彼岸变得清晰，然后让他们下船。在整个离职谈话中，领导者要抱以真诚的态度，用简洁的言语和职业化的形象来面对当事人，让他感到你是在行使公司的决议，而非自己的意图。

27岁那年，格雷格·苏德兰斯被解雇了。刚从大学毕业，他就在芝加哥附近一家卖酒的公司当销售助理。苏德兰斯开着那辆现代“奏鸣曲”汽车整日奔波于74号州际公路，把一箱箱酒卖给酒店，每周工作35个小时，领着约4万美元的年薪。但不管工作多么拼命，他从未完成过定额。终于，在一个寒风刺骨的夜晚，上司把他叫到了后台办公室。苏德兰斯甚至还未坐下，一位上司就开始大叫大喊，责备他损害了经营利润，还对苏德兰斯的职业道德心存怀疑，并满腹狐疑地问他对于竟然能够保持这份销售工作有何想法。然后说：“你被开除了！”另一名主管自始至终保持沉默，等到同僚说完了，他拍拍苏德兰斯的肩膀，说了几句鼓励的话，然后就叫他走人。根本没有解雇金或是离职面谈。

现年33岁的苏德兰斯说：“我永远不会忘记那天的感受。不到五分钟，他们完全击溃了我的自尊心。即便那位较友善的主管也让我觉得自己如同废物。这绝不是叫员工走人的方式。”

苏德兰斯说，昔日的痛苦记忆给了自己这种启示——怜悯、诚实而不失尊严地解雇自己的员工。1997年，作为国际盖特韦通信公司的IT经理，因为业绩问题他不得不解雇一名技术员。在解雇的同时，他还为这人提供了新职业介绍咨询服务、一笔丰厚的解雇金及介绍未来职业的推荐信。

当下属惊奇发现自己被解雇时，他的情绪会非常激动。如果领导者解雇方式得当，掌握一定的语言技巧，下属会伤心而不是愤然离开。如果弄得一团糟，就会自断退路，使留下来的人感到惊恐，并对将来招聘员工十分不利。

事实表明，解雇下属是领导者最难处理的事情之一，解雇下属的话也是领导最难说出口的话。上级部门决定后往往要由部门领导去与被解雇者谈话，许多部门领导常常为此事绞尽脑汁也不知如何是好。其实人在做任何事情时，贵在自信。作为部门领导应该十分了解被裁员工的情况，可以根据不同人争取不同的谈话方式，将被裁人的痛苦降至最低。

1.尊重客观事实

解雇下属时，领导者一定要尊重客观事实。要用事实来说话，不能存一己之私，要尽量地做到公平、公正、合理。

2.态度明朗，不让对方产生错觉

解雇下属时，尴尬在所难免。但是领导者不必因此在谈话中绕弯了，兜圈了，避重就轻， 打哈哈地聊一些看似轻松却与主题无关的话题。而是应该等下属在领导者对面坐定后，直奔 主题，三言两语向对方交代清楚公司的裁员决定。当然，表达上要富有人情味，但态度必须 明朗。应该让对方意识到，你所传达的决定是最后的决定，不容争论，更没有商量的余地。

3.尊重下属的感受

领导者要保持冷静地倾听下属的感受，并在接纳对方感受的同时，表现出你也很难过。我们这里说的倾听不是你高高在上，而让下属像个学生一样在下面哭诉。你应该和他坐到同样的位置上，看着他的眼睛说话，并且你

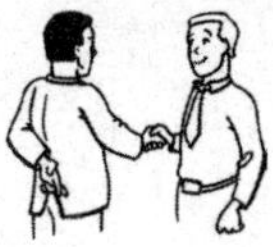

要去重复他的感受与现实：“你工作这么多年，现在让你离开确实很令人难受，但是这是事实，我也很为你难过，真的很难过……”

4.始终不要妥协

在下属抱怨的同时，你可以告诉他：“公司知道你委屈，所以会给你一些补偿。”随即你可以说出补偿的办法，甚至是数字。

无论当事人如何感到不公平，如何吵闹，你都不要和他正面冲突，而且绝对不能有一点妥协的意思。千万不可以表露“那我再和领导谈谈”这种有回旋余地的态度，即使你心里这么想的。甚至即便是这次裁员失误了，不应该让他走，但你已经和他说让他离职时，也一定要让他走。作为裁员者，不可以出尔反尔。否则，一旦其他被裁下属知道后，后果将不堪设想。

5. 不要说过分的话

无论下属是什么情绪，领导者一定要注意一个原则：千万不要激惹他，任何的激惹和刺激都不要有。如果你表现的是：“这件事你就没有意识到吗？让你走你还赖在这儿，又有什么意思？太可恶了……”那结果可想而知。我们常说：“没有无缘无故的爱，也没有无缘无故的恨”，因此千万不要激惹当事人；也不要试图讲道理或辩论，这是无用的。你只需告诉当事人：“这是公司的决定，我也很遗憾。”千万不要和他谈过多的细节，比如：“王经理希望你留下，只是赵经理非让你走不可……”别以为这能表现你的同情心，这会让当事人的一腔怒火转发到赵经理那里，甚至可能实施报复。

6.鼓励、表扬每个被劝退的下属

下属被劝退，并不表示他或她就一无是处，恰恰相反，只能说明该下属在某个点上和公司没达成交集，作为领导者，当初你把人家招聘近来，相信你是看到了很多的闪光点的，所以在劝退员工的时候，领导者一定要从表扬开始，从肯定人家的工作业绩和努力开始。

7.抚慰他的心灵

当下属被告之辞退的消息，他的情绪一定很激动，领导者要给予当事人一定的时间处理情绪。必要时，以纸巾、温水来帮助他释放情绪，这都会很有效。同时，充满同情与理解的话语，为他平复心灵的伤痕，而千万不要生硬地否认对方的心理感受，千万不要说：“有什么可哭的？”之类的伤人话。

第三章

重在沟通，和下属说话要有沟通力

沟通是管理工作的利器

所谓沟通，就是通过信息和思想的交流达到认识上的一致，它是人类特有的解决问题的手段。沟通无处不在，生活本来就是由人与人的联系构成的，如果缺少沟通，人们将举步维艰。领导者经常与下属沟通，就表明你对下属尊重。领导者经常接触下属，有助于上下沟通。沟通是一种乐趣，并且在与下属沟通过程中，可以很容易获悉公司内部发生的大大小小的事情。

沟通能力是现代领导者所具有的必备素质之一。美国领导学专家海克曼说："领导是一种特殊的沟通形式，是为了满足共同的群体目标和要求而改变其他人态度和行为的人类沟通。"由此可见，是否善于与人沟通，既是领导艺术的体现，也是领导素质的综合反映。

美国某著名的咨询公司曾进行过一项调查，在谈到世界五百强企业家的成功的因素时，三百位较成功的企业管理人有85%的人认为，他们之所以成功是因为沟通跟人际关系的能力超人一筹，他们善于沟通，善于交流，善于协调，善于说服，善于把自己的一些理念、思维灌输给他人，能够让人愿意来帮助他们。那么只有15%的人只归功于他们的专业知识跟他的运作技巧。

沟通是领导者获取事业成功最重要的手段和策略。如果你想在工作中游刃有余、大展宏图，就得善于和员工、同事进行有效的沟通，才能打通自己的成功之路。

被称为日本"经营之神"的松下幸之助有句管理名言："过去是沟

通，现在是沟通，未来还是沟通。”松下的意思很明确，那就是：企业管理在什么时候都离不开沟通。这说明了在他的管理思想里沟通占有重要的地位。

松下幸之助非常善于与员工沟通，尤其善于倾听员工好的建议和普通的发牢骚。松下幸之助经常问他的下属管理人员，“说说你对这件事是怎么考虑的。”“这件事这么做你觉得怎么样？”“要是你干的话，你会怎么办？”一些年轻的管理人员开始还不太愿意，甚至是不好意思说，但当他们发现董事长非常尊重自己，认真地倾听自己的讲话，而且常常拿笔记录下自己的建议时，他们就开始认真地考虑并发表自己的见解了。由于松下幸之助在听的过程中既显示了对说话人的尊重，又不走形式地专注地听，回答的人就会很容易畅所欲言。

松下幸之助一有时间就会到工厂里去转转，一方面便于发现问题，另一方面有利于听取一线工人的意见和建议。当工人向他反映意见时，不管自己有多忙，他总是认真倾听，不住地点头，不时地对赞成的意见表示肯定。他总是说：“不管谁的话，总有一两句是正确可取的。”即使是遇到员工啰嗦的抱怨和不满，他也会认真地倾听，并不时地安慰、解释，适当地解决。此外，松下的头脑里，从没有“人微言轻”的观念，他可以认真地倾听哪怕是最底层工人的正确意见。

但他非常痛恨别人对他阿谀奉承，每当这种情况发生，哪怕对方的地位和他差不多，他也会毫不犹豫地批驳说：“你真是这样想的吗？你也是管理者，说这样的话合适吗？”或诸如此类的话。尽管对方当时可能会觉得很尴尬、很气愤，但事后反而更尊重松下先生的为人，并且对松下先生说出真实的想法，不再说些奉承的漂亮话。

松下幸之助应用于管理中的沟通方式，无论对松下本人还是对别人以及对公司的发展都是有好处的，他应用于管理中的沟通方式，对管理者迅速掌握经营秘诀是大有裨益的。松下公司因为他善于沟通而获益匪浅。

沟通是领导管理工作的本质。在日常工作中，领导要把主要精力放在与上下级的沟通上，力求把沟通工作做得像一件艺术品一样完美，才能让上级发现你的能力，让下属从中感觉到一种积极的力量。美国学者哈罗德·孔茨和西里尔·奥唐奈认为，“管理工作是一种艺术”。由于领导的每项工作都要通过沟通来进行，所以，领导要使组织内每个成员的行动协调一致，就必须做好沟通工作。

在我们的工作当中，有许多问题都是由于沟通不当或缺少沟通而造成的。有资料表明，企业领导者70%的时间用在沟通上，主要包括开会、谈判、谈话、做报告等。虽然领导者投入了大量精力用于沟通，企业中70%的问题仍然是由于沟通障碍引起的，无论是工作效率低，还是执行力差等问题。因此，对于领导者而言，有效的沟通显得特别重要。领导者只有通过与员工进行有效的沟通获得足够的信息，才能做出正确的决策。

马超是公司里年轻的副总，他有一个叫吕帮的下属，是公司的老员工。吕帮仗着工作能力强，公司对他也挺依赖，就有点恃才傲物，不服从马超的管束，不但经常当众与马超顶嘴，而且经常自作主张，帮马超推掉一些他想成交的生意。

最初，马超本想直接告诉吕帮不能这样做，但又怕伤到他的工作积极性。左思右想，马超决定通过沟通来解决这个问题。在工作中，马超从不用命令或指派的语气来安排工作，而是用商量和委婉的语气问他：“你觉得这项工作这么做好吗？”由于马超说得比较客气，吕帮虽然在态度上盛气凌人，但语气上会有所收敛。

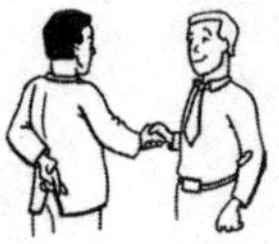

除此以外，马超在工作中尽量约束自己，以身作则。当着下属的面，他对自己的上级彬彬有礼；而对每一位下属，他都会充分地给予尊重。每当吕帮冲撞他时，他会大度地一笑，然后用温和的语言来化解。对于吕帮给他推掉的客户，他先是细致地了解前因后果，并进行换位思考，然后再耐心地和吕帮沟通，说出这个客户对公司的重要，以及自己为何要争取与他合作。最后明确地表达自己不希望他这样自作主张。

通过一次次沟通，马超对吕帮越来越了解。他发现，吕帮这个人吃软不吃硬，于是，在与他说话时，马超会动之以情，晓之以理。渐渐地，吕帮被马超那种处处为公司着想、以做好工作为目的的精神所感动，并且受到影响。他不再像以前那样跟马超对着干了，而是变得尊重领导，一切以做好工作为目的来配合马超的工作。

马超最后之所以取得吕帮的配合，是因为他懂得与下属的沟通技巧，在面对与他作对、工作能力又强的吕帮时，并不急于显示自己的权威，试图用权力去控制对方，而是在与吕帮的沟通中了解他。

领导要想下属配合自己的工作，就得像马超那样，通过有效的沟通方式来解决问题。

沟通是领导者主要的工作方式，沟通能力是领导者的基本素质。日常工作中，领导者与员工之间存在地位、语言、心理、认知、环境和文化水平等方面的差距，这些都可能造成一定的沟通障碍，影响到方方面面的关系，并且使工作受到损失。因此，领导者一定要提高沟通能力，掌握沟通艺术，做一个善于沟通的领导者。

1.建立沟通意识

组织要想保证正确决策的实施，就得努力在组织内营造沟通的环境，最好建立正常的沟通关系和渠道，也就是说，组织例行的会议制度。在工作中，领导要想使一些重要信息通过正规渠道传递，来避免出现非正式渠道传播一些小道消息甚至谣言，就得在组织内建立一个完善的沟通渠道。通过组织内部的及时沟通，会让一些小道消息和谣言不攻自破。

2.积极倾听员工的发言

领导者积极的倾听，给员工以表现自我、成就自我的机会，可使员工产生一定的归属感，配合意识和参与沟通和积极性便会明显增强。同时，在沟通过程中，员工在意的不是领导者听到了多少，而是听进去多少，因此，领导者不仅要乐于倾听，还要善于倾听，要让员工知道你真的在意他说的话，否则，沟通效果甚微。

3.学会换位思考

很多领导者在处理问题或者与员工交往的时候，往往总是立足于自己的立场，从自身的利益和需要角度进行考虑，而很少考虑到员工的感受和利益与需要，更不能从员工的立场来思考问题。这时就只会坚持自己的想法，使得双方的“结”越来越紧，以至于怎么也打不开，这种情况下不要说有效沟通，两者不产生更大的分歧就不错了。如果领导者站在员工的角度去思考问题，就更容易了解到员工的需要，更容易明白企业发展的点在哪里，从而和谐沟通，实现企业的有序发展。俗话说“换位思考，推己及人”，领导者只要学会换位思考，沟通自然没有问题。

4.不要将不良情绪带到沟通中来

领导者在沟通时一定要注意情绪的控制，不要将自己的不良情绪带到沟通中来，要尽可能地在平静的情绪状态下与员工进行沟通，这样才能保证良好的沟通效果。如果情绪出现失控，则应当暂停进一步沟通，直至恢复平静。

“蜂舞”法则：进行多渠道沟通

管理心理学中有一个著名的“蜂舞”法则：奥地利生物学家弗里茨经过细心的研究，发现了蜜蜂“舞蹈”的秘密。蜜蜂的舞蹈主要有“圆舞”和“镰舞”两种形式。工蜂回来后，常做一种有规律的飞舞。如果工蜂跳圆舞，就是告诉同伴蜜源与蜂房相距不远，约在100米左右。工蜂如果跳镰舞，则是通知同伴蜜源离蜂房较远。路程越远，工蜂跳的圈数越多，频率也越快。如果跳8字形舞，并摇摆其腹部，舞蹈的中轴线跟巢顶的夹角，正好表示蜜源方向和太阳方向的夹角。蜜蜂跳舞时头朝上或朝下，与告知蜜源位置之方向有关：跳舞时头向上时，表明找寻蜜源位置必须朝着太阳的方向飞行。

“蜂舞”法则揭示的道理是：信息是主动性的源泉，加强沟通才能改善管理的效果。管理者要像蜜蜂采蜜一样，吸取各种沟通方式的特点，将“蜂舞”融入自己的管理艺术中。

沟通是现代管理学中一个必不可少的要素，是人与人之间传达思想感情和交流情报信息的桥梁。沟通有正式沟通和非正式沟通、纵向沟通和横向沟通、书面、口头、非言语沟通及电子沟通等等，如何才能达到有效的沟通，采取哪种方式沟通为好应根据我们所处的人、事、环境不同而因人而异。可以说，管理成败的关键，很大程度上取决于沟通效果的好坏。因此，要实现成功的管理，一定要过好沟通这一关。

玫琳凯化妆品的创始人玫琳·凯女士说：“企业就是要通过人与人之间的沟通达成友爱与和谐。”这就是她成功的秘诀！她对言语沟通和人际关系的重视都来源于她的工作经验。

玫琳·凯女士办公室的门总是敞开的，从来不曾关闭。很多人不理解。

有一次，一位客户实在很好奇，就问她："别的公司总经理的门总是关闭的，为什么只有你的门是永远敞开的呢？"

玫琳·凯女士嘴角扬起了微笑，她说："我的门是永远向我的员工和客户敞开的，我随时欢迎我的员工来给我提意见，随时和他们保持沟通，我的门不是办公室的一堵墙，它不会使我们隔开，我们是一体的。"

这就是玫琳凯公司独具特色的沟通技巧，即"开门原则"。这个原则强调的是公司内部上级与下级，同事之间的沟通，大家彼此都不会设防，而是真诚地进行交流。可以想见，开着门人们会随时跑进来，打断你的工作。但是玫琳凯认为，重要的是人们知道可以来找她讨论任何重大的问题。她愿意公司的每一个员工，无论是小姑娘还是老头都可以按照自己的意愿随时来看望她，向她诉说他们的抱负和梦想，诉说对公司的抱怨，更好地促进彼此的交流和沟通。

沟通是领导日常工作中的常用形式。对于领导者而言，要想顺利地做好各项工作，有效沟通是不容忽视的。因为只有多收取各方准确、真实的信息，才有助于领导在工作中做出令人支持和拥护的决策。所以，领导要想在日常工作中高效地工作，就必须掌握有效沟通的技巧。

美国有一家著名公司的总经理，平时非常重视与员工之间的相互沟通与交流，他曾经有过一项"创举"，这项"创举"就是让员工之间进行有效的沟通。当时，他把公司餐厅里四人用的小圆桌全部换成了长方形的大长桌。

千万别小看他这看似平常的举动，其实是一项重大的改变，原因是，在用小圆桌时，由于地方小，总是那四个互相熟悉的人坐在一起用餐，所以，其他人就很难融入其中。而一旦改用大长桌情形就完全不同了，一些彼此陌生的人，一有机会就会坐在一起闲谈，如此一来，研究部的职员就能结识来自其他部门的行销人员，或者是生产制造的工程师，他们在相互接触中，可以互相交换意见，获取各自所需的信息。这样就可以互相启发，碰撞出“思想的火花”，公司的经营也因此得到了大幅改善。

与员工保持密切沟通，知其所想，释其所疑，解其所难，进而求得上下之间，心相通、情相融、力相合。这一点，被越来越多的领导者认同、接受并自觉实践。然而，使沟通真正达到“推心置腹”和无障碍、无“水分”的境界，除了在内容上要调准“频率”，找准“波段”，还应当注意沟通的手段和方式。

著名职业经理人唐骏曾是微软中国公司的总裁，他在日常工作中是通过以下三种方式主动和员工保持顺畅交流的：

第一，建立一对一制度。唐骏每月都要和一名员工面对面交谈，而且要求一线经理也必须每周安排一个小时，另外，每三个月再安排两个小时进行一对一交流，随时了解员工工作和生活上存在的问题。

第二，鼓励员工随时找CEO。唐骏说：“只要在办公室，我的房门就是开着的。”但这个随时上访也是有条件的，就是你反映的问题已找过了所在部门的直线经理，该直线经理不能或没有给予解决。

第三，把与员工的交流形成一种制度。微软（中国）每周都有一场圆桌会议，员工自己报名参加，每周讨论的议题都不同。“我的时间毕竟是有限的，很难和微软的每个员工进行单独对话，圆桌会议解决了这个问题。”

凭借着与员工的主动沟通，唐骏领导下的微软（中国），在销售方面，成为了微软全球唯一一个连续6个月（2002年7月到2003年1月）创造历史最高销售纪录的公司。

在企业中，领导者要想营造民主和谐的氛围，就必须清晰地表达自己的意图，开辟多个沟通渠道，保证把自己想要传达的每一项信息顺畅地传递给员工。形式多样的沟通方法，满足了不同员工的沟通需求，从而使领导者能够真正清晰、明确地将自己的意图传递给员工，领导者的意图得到了清晰的表达，领导者和员工之间减少了矛盾，增进了理解。而且这样的沟通方式，体现了员工民主化的参与意识，激发了员工的工作积极性，使员工的个人发展和企业的发展实现了一致。

在管理活动中，沟通是一个不可或缺的内容。沟通的能力对领导者来说，是比技能更重要的能力，营造良好的人际关系，靠的就是有效的人际沟通。实践表明，许多优秀的领导者，同时也是沟通高手，一个成功的企业不能仅有外部沟通，由于生产力来自于企业内部，所以企业内部沟通直接影响组织效率、生产进度、生产完成率和合格率。只有当企业和员工之间有了真正意义上的相互理解，并使双方利益具有最大限度上的一致，这个企业才能快速发展，并得到超高品质的产品和最大限度的利润。

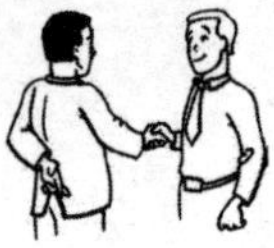

因人而异，采取不同的沟通方法

人的心理很微妙，每个员工都有自己的思想，带着情绪的工作效率一定不会高到那里去，所以及时沟通便成为每一位优秀领导者的重要的艺术必修课。

针对各色各样的员工性格，领导者要学会采取不同的说话方式，既要做到刚正不阿，又要善于委婉表达。

一般来说，员工的性格常见的有以下几种：

1.对待以自我为中心的员工

有的员工总是以自我为中心，不顾全大局，经常会向你提出一些不合理的要求，什么事情都先为自己考虑。有这样的员工，你就要尽量地把事情办得公平，把每个计划中每个人的责任与利益都向大家说清楚，让他知道他该做什么，做了这些能得到什么，就不会再提出其他要求了。同时要满足其需求中的合理成分，让他知道，他应该得到的都已经给了他。而对他的不合理要求，要讲清不能满足的原因，同时对他晓之以理，暗示他不要贪小利而失大义。还可以在条件允许的情况下，做到仁至义尽，让他觉得你已经很够意思了。

2.对待自尊心强、敏感度高的员工

这类员工多是刚刚步入社会的年轻人，他们行为比较拘谨，喜欢埋头工作，一旦出了错时就感到忐忑不安，不知如何是好；当他们听见有人提到自己的名字时会猜测是不是有人对自己不满，领导说几句批评人的话，他们也会跟自己联系到一起，产生不安情绪，倘若被领导直接点名批评，他们会刻骨铭心，自尊心受到很大的伤害，在同事面前抬不起头来，工作积极性严重受挫。有时候哪怕是领导者的一句玩笑，都会让他觉得领导对他不满意了，因而导致焦虑、忧心忡忡、情绪低落。

在与这类员工沟通时，说话不能太随意，埋怨他们心眼儿小，而要多给他们积极的心理暗示，对他的才干和长处表示欣赏，逐渐弱化他们的防御心理，增强他们的安全感和自信心；当他们犯错误时也不可随意批评，而要考虑到他们的自尊心，使用较为委婉的措辞。同时也要注意不要当他的面说其他员工的毛病，这样他会怀疑是在背后挑他的毛病。

3.对待喜欢唠叨的员工

有些员工，无论大事小事都喜欢向领导请示、汇报，唠唠叨叨，说话抓不住主题。这种员工往往心态不稳定，遇事慌成一团，大事小事统统请示，还唠唠叨叨，讲究特别多。

跟这样的员工交往，交代工作任务时要说得一清二楚，然后就叫他自己去处理，给他相应的权力，同时也给他施加一定的压力，试着改变他的依赖心理。在他唠叨时，轻易不要表态，这样会让他感觉到他的唠叨既得不到支持也得不到反对，久而久之，他也就不会再唠叨了。趋炎附势的员工。这类员工不管领导者说得对与否都喜欢随声附和，称赞领导的英明决策，而且他们还具有相当技巧，拍起“马屁”来不显山、不露水，让你浑然不觉。虽然每位领导都喜欢听顺耳的话，但是也不能让他们任意卖弄奉承的本领。对于出于真心而稍稍过分地赞美几句的人，不妨一笑了之，抑或谦虚一下。对于那些别有用心的阿谀奉承之人，可以先让他们发表对某件事的看法，你最后做一下点评，指出哪些可取哪些不可取，不给他们趋炎附势的机会。

4.对待脾气易怒、喜欢没事找事的员工

这类员工一感到自己受到不公平的待遇，就会叫嚣着找领导面谈，以求领导给自己一个公道的说法，造成办公室火药味浓重，人际关系紧张，影响

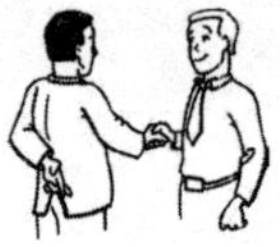

到人们的工作情绪。

对这类员工你试图压住他们的火气是徒劳的，对他们唐突地下“你总是和同事争吵”这样的评论，更容易引起他们的抵触情绪。正确的做法是，首先要一言不发，让他们把要说的话说完，等其发泄完了，冷静下来之后，再跟他讲事情处理的方法，使其纠正动辄发脾气的毛病。他们认清了其中的道理，以后再遇到类似的事件时才会有意识地控制自己的情绪。

5.对待喜欢阿谀奉承的员工

在许多公司里，常可见到溜须拍马、阿谀奉承者，他们经常称赞领导者，且附和领导者所说的每一句话。

对待这种员工，在与他们沟通时，无须太严肃地拒绝他们的奉承，也不要任由他们随意夸张。当他们向你卖弄奉承的本领时，你可以淡淡地回应：“别夸张了”。倘若他们再三附和你的计划时，你可以说：“你最好给自己留一点时间，考虑新的计划和建议，下次开会每个人都要谈自己的意见”。如此一来，他们便不敢也不好意思再做“应声虫”了。

6.对待自以为怀才不遇的员工

这类员工常常认为英雄无用武之地，而变得郁郁寡欢，情绪低落。在与这类员工沟通时，千万不要跟他们唱对台戏，冷嘲热讽地说：“你以为自己是谁啊？不要总以为自己了不起。”这些语言更会让他们感到不被重用而心生怨恨。正确的沟通方法是表达对他们的积极期待：“这个项目可全靠你了。”“凭你的能力，相信你会有更加出色的表现。”当他们感到自己被重视的时候，他们的才干和工作积极性会很容易得到激发。

7.对待急于求成、急功近利的员工

这类员工为了个人利益很少顾及他人的感受，容易造成人际关系紧张。与这类员工沟通时切忌批评他们的想法不切实际，这样他们可能会认为是在故意刁难他，是在打消他的积极性。而应该首先肯定他们的工作热情，然后再向他具体讲述欲速不达的道理，他就比较容易接受。

8.对待性格耿直的员工

这类员工说话直来直去，不拐弯抹角，直接点名问题的要害，容易给领导者带来不必要的麻烦和困扰，也容易四处碰壁。与这类员工沟通时，不应对他们的直言不讳耿耿于怀，可以对他们工作中存在的不足直接提出批评，不会引起他们心理敏感。

9.对待“死板”的员工

这类员工往往是我行我素，对人冷若冰霜，尽管你对他热情有加，但他们总是爱理不理，不会做出你所期待的反应。与这类员工沟通时，不可以其人之道还治其人之身，采取一种相应的冷淡态度。相反，需要花费更大的耐心揣摩他们的心理，寻找他们所热心的话题，才能拉近与他们的心理距离。

10.对待高傲的员工

对于这种清高自傲、目中无人的员工，可以冷静地和他交谈，就事论事地批评，不要用其他员工的告状话来刺激他，以免产生激烈的争执，让交谈无果而终。当然，这种员工改正的进度会很慢，先礼后兵的做法是值得赞赏的。

总之，每个员工都有自己的性格特点，一个优秀的领导者在与员工沟通时要尽可能地摸清他们的性格特点及心理状态，进行因人而异的沟通，才能达到消除彼此的隔阂和误会，消除和解决矛盾与纠纷，保持心情舒畅。

好的领导者也是好的倾听者

沟通是双向的行为。要使沟通有效，上下级都应当积极投入交流。当员工表达自己的见解时，领导者也应当认真地倾听。善于沟通的人，往往不是说得最多，而是能耐心倾听别人讲话的人。只有听对方说得越多，你才能更加了解对方，然后用自己的观点来战胜对方的观点，从而掌握主动权，取得最终的胜利。

实际上，领导在工作中的倾听，不仅可以使对方产生亲近感，缓解对方的压力，促其工作效率的提高，还可以使我们更深入地了解对方和他要表达的意思，为以后的交往打下基础。

一个善于倾听的领导很容易被人接受，也更容易受欢迎，这是因为倾诉者在倾听者的眼里感到了尊重，他们愿意把更多的事情拿出来与倾听者分享。专心听别人说话，是我们给予别人的最有效赞美，不管说话者是上司、同事、下属还是客户，抑或是其他人，你耐心的倾听都会让说话人感到心里舒畅。

本田宗一郎被誉为“20世纪最杰出的管理者”。回忆往事，他常念叨一则令其终生难忘的故事。

有一次，一位来自美国的技术骨干罗伯特来找本田，当时本田正在自己的办公室休息。罗伯特高兴地把花费了一年心血设计出来的新车型拿给本田看，总经理，您看，这个车型太棒了，上市后绝对会受到消费者的青睐……

罗伯特看了看本田，话还没说完就收起了设计图纸。此时正在闭目养神的本田觉得不对劲，急忙抬起头叫了声“罗伯特”，可是罗伯特头也没回就走出了总经理办公室。

第二天，本田为了弄清昨天的事情，亲自邀请罗伯特喝茶。

罗伯特见到本田后，第一句话就是：“尊敬的总经理阁下，我已经买了返回美国的机票，谢谢这两年您对我的关照。”

“啊？这是为什么？”罗伯特看着本田的满脸真诚，便坦言相告：“我离开您的原因是由于你没有自始至终听我讲话。就在我拿出我的设计前，我提到这个车型的设计很棒，而且还提到车型上市后的前景。我是以它为荣的，但是你当时却没有任何反应，而且还低着头闭着眼睛在休息，我一恼就改变主意了！”

后来，罗伯特拿着自己的设计到了福特汽车公司，受到了高层领导的关注，决定投产这个新型车。新车的上市给本田公司带来了不小的冲击，通过这件事本田宗一郎领悟到“听”的重要性，也让他认识到如果不能自始至终倾听员工讲话的内容，不能认同员工的心理感受，就难免会失去一位技术骨干，乃至一个企业。

倾听不是“听见”，与“听见”不同，它反映了领导者对下属的态度。如果某个领导者认为自己听见了，就是在倾听，这是错误的，因为倾听不仅仅用的是耳朵，更要去用心。每个领导者都希望自己的讲话能够被下属认真地倾听，同样，每位下属也希望自己的声音能够被自己的上级倾听。

不会倾听的领导者是无法与下属进行有效的沟通。而擅长倾听的领导者，会把倾听作为打开话题的钥匙，能在倾听中捕捉到许多有用信息，联想到许多新的交谈话题，从而顺利把交谈延续和深入下去。另外，通过倾听还可以向他人学习知识和方法，了能更准确、更真实的信息。

在联邦快递创立初期，联邦快递的网络中心出现了问题，不得不裁减人员，以作调整。因此，人员流动率接近50%。这不是一个正常的人员流动率，因为招募和培训新职员要花一大笔费用。

面对这种问题，人事副总裁哈里·凯纳找到了创始人之一的弗朗西斯·迈奎尔，问道：“弗朗西斯，你需要我做些什么？”

看着面带微笑的哈里，弗朗西斯也笑了，回答道：“哈里，我不知道，但你能告诉我你的想法吗？”

谈了一会儿，哈里对弗朗西斯说：“请给我一点考虑的时间好吗？”

一周后，哈里找到弗朗西斯说：“我找到答案了，弗朗西斯，但是，你得承诺能够给我提供我需要的东西。”弗朗西斯·迈奎尔便安排了一次由当时的董事长兼CEO弗雷德·史密斯、首席财务官比特·威尔莫兹以及自己参加的会议，会议由哈里主持。

哈里向大家解释道：他在集团内部做了调查，与许多员工谈话，并观察了他们做事的方法。由于网络中心工作的时间很短，一般工作内容就是接收、发送和装运。因此，中心的员工全是兼职的。这些员工一天只工作四小时，全在夜晚。

哈里提醒董事会的成员们：“这不是一份全职工作，所以他们不享受福利待遇，这让这些还是大学在校生的兼职员工看起来就像被收养的孩子，不像这个公司的人。他们的感觉就是，他们随时会被解雇。而且，该考试时，他们就不会来。但是，虽然这些员工大多数是大学生，而且还是兼职，但对公司却非常关键。”

“你有什么需要解决的问题吗？”首席财务官比特问。

“提供他们全职的医疗保险福利。”哈里提出。

“可是你想过没有，在我们的医疗方案里增加这些员工，会给公司带来很多昂贵费用的。不能这样做，哈里，否则公司的负担会加重很多很多。我们不能给兼职者医疗福利，因为我们一直就是这么干的。”

哈里问道：“比特，你知道在网络中心工作的人，他们的年龄有多大吗？”

“这与我们的问题有关？”比特不解地问。

“当然，在网络中心里，负责邮件寄送的员工们的年龄都在18～23岁之间。比特，在你这么大时，你的身体会出现大毛病吗？”

经过短时间的沉静，会场响起了董事长的声音，他微笑着说：“比特，哈里说得有道理，网络中心那批兼职的年轻人就算享受到我们的医疗福利，在相当长的时间里也不会给公司造成费用上的压力，因为他们很少生病。”

最后，会议取得了共识。很快，决议便得到了落实，联邦快递公司那些兼职者也与全职者一样，享受到了医疗福利。此举使得人员流动率由接近50%下降到了不到7%，投诉率也降到了最低。公司的士气空前高涨，带来的就是业务量的快速攀升。

有效地倾听使联邦快递公司的管理者得到了解决问题的方法。倾听并不仅仅是被动地听取员工所说的话，还要积极主动地倾听员工所讲的事情，及时捕捉全面、准确的信息，掌握员工当前和未来的各种需要。只有掌握了真正的事实，才能解决问题，不断促进员工工作能力的提高，努力实现员工满意的目标。

倾听是领导者开展领导工作的基本功，也是领导者必须加以开发的基本技能。有效的倾听是可以通过学习而获得的技巧。

1.表现出专心的聆听态度

领导者需要通过非语言行为，如眼睛接触、某个放松的姿势、某种友好的脸部表情和宜人的语调，建立一种积极的氛围。如果你表现的留意、专心和放松，对方会感到重用和更安全。

2.努力理解对方的谈话内容和情感

这就是说，不仅要听对方传达的信息，而且要“听”对方表达的情感。例如，假设一个工作人员这样说：“我已经把这些信件处理完了。”而另一个工作人员却这样说："谢天谢地，我终于把这些该死的信件处理完了！"尽管这两个工作人员所发出的信息的内容相同，但后者与前者的区别在于他还表达了情感。一个会倾听的领导，不仅会倾听对方讲话的内容，而且还理解对方的情感，这样的领导者在下达新的任务以前，就已经取得了交往的高效率。

3.观察讲话者的非语言信号

既然交往在很多时候是通过非语言方式进行的，那么，就不仅要听对方的语言，而且要注意对方的非语言表达方式，这就是要注意观察说话者的面部表情、如何同你保持目光接触、说话的语气、音调和语速等，同时还要注意对方站或坐时与你的距离，从中发现对方的言外之意。

4.对讲话者保持称赞态度

对讲话者要保持称赞态度能营造良好的交往气氛。讲话者感受到你的称赞越多，他就越能准确表达自己的思想。相反，如果你对讲话者表现出消极态度，就会引起他的防御反应，产生对你的不信任感和警惕性。

5.表达出理解

在与人交谈时，要努力弄清楚对方的感觉如何，他到底想说什么。如果你能全神贯注地听对方讲话，不仅表明你理解他的情感，而且有助于你准确地理解对方的信息。

总之，高效沟通有时候需要我们做一位诚恳的倾听者。俗话说："善听者善交人。"如果要想做到高效沟通，就应该学会"倾听"。

沟通前，请记住对方的名字

俗话说：人过留名，雁过留声。姓名是人的标志，人们出于自尊，总是最珍爱它，同时也希望别人能尊重它。如果你与曾打过交道的人再次见面，能一下叫出对方的名字，对方一定会感到非常亲切，对你的好感也会油然而生。

你一定有这样的经验，当小孩出生后，父母为了他将来能够幸福和成功，千挑万选地为他取名，所以人们对自己的名字都有莫名其妙的感情。如此重要的名字有时候竟然被人写错，被人忘记，没有人心里会愉快的。既然人们如此重视自己的名字，踏入社会和人交往的第一秘诀就是记住他人的名字，绝不要第二次问人家的尊姓大名。因为记住每个人的名字，是尊重一个人的开始，也是与人有效沟通的第一步。

钢铁大王安德鲁·卡内基在十岁的时候，就发现人们对自己的姓名看得十分重要。而他利用这项发现，去赢得了别人的合作。他孩提时代在苏格兰的时候，有一次抓到一只兔子，那是一只母兔。他很快发现了一整窝的小兔子，但没有东西喂它们。可是他有一个很妙的想法。他对附近的那些孩子们说，如果他们找到足够的苜蓿和蒲公英，喂饱那些兔子，他就以他们的名字来替那些兔子命名。这个方法太灵验了，卡内基一直忘不了。好几年之后，他在商业界利用这种人性弱点，赚了好几百万美元。例如，他希望把钢铁轨道卖给宾夕法尼亚铁路公司，而艾格·汤姆森正担任该公司的董事长。因此，卡内基在匹兹堡建立了一座巨大的钢铁工厂，取名为“汤姆森钢铁工厂”。当卡内基和乔治·普尔门为卧车生意而互相竞争的时候，这位钢铁大王又想起了那个兔子的经验。卡内基控制的中央交通公司，正在跟普尔门所控制的那家公司争生意。双方都拼命想得到联合太平洋铁路公司的生意，你争我夺，大杀其价，以致毫无利润可言。卡内基和普尔门都到纽约去见联合太平洋的董事会。有一天晚上，他们在圣尼可斯饭店碰头了，卡内基说：“晚安，普尔门先生，我们岂不是在出自己的洋相吗？”“你这句话怎么讲？”于是卡内基把他心中的话说出来——把他们两家公司合并起来。他把合作而不互相竞争的好处说得天花乱坠。普尔门注意地倾听着，但是他并没有完全接受。最后他问：“这个新公司要叫什么呢？”卡内基立即说：“普尔门皇宫汽车公司，当然。”普尔门的目光一亮。“到我的房间来，”他说，“我们来讨论一番。”这次的讨论改写了一页工业史。安德鲁·卡内基这种记住以及重视他人名字的方式，是他领导才能的秘密之一。他以能够叫出他许多员工的名字为傲；而他很得意地说，当他亲任主管的时候，他的钢铁厂未曾发生过罢工事件。

姓名，是世界上最美妙的字眼，每个人都十分看重自己的姓名。记住别人姓名，并真诚地叫响别人的姓名，它意味着我们对别人的接纳，对别人的尊重，对别人的诚心，对别人的关注。

善于记住对方的姓名是一种礼貌，也是一种感情投资，在沟通中会起到意想不到的效果。对领导者来说，一开口就叫出下属的名字，会让下属感觉到你的尊重，精神上也会受到激励。

但在实际工作中，有不少领导者都不大注意，或者认为没有这个必要，或者借口自己工作太忙没有这个时间和精力。

有个较大公司的领导，一般员工去找他，主动汇报姓名，几分钟后，他就记不住人家的姓名了，等到下次再见时，有时竟问："你是哪个部门的？"

与此相反。一名新任领导到单位之后，上班第一天上午，就让办公室主任提供单位里面每一个下属的信息，包括名字、职位、祖籍、性格、爱好等，并请他按照办公室的布局，让每个下属对号入座。接下来几天，他逐个办公室走了一遭，在与下属一一握手时，就一口叫出了每个人的名字。大家都很吃惊，转而敬佩起新领导，整个单位的气氛顿时活跃起来，对新领导的拘束和陌生感一扫而空。这位领导只是记住了下属的名字，却起到了四两拨千斤的效果，迅速地得到了下属的好感与信任。

在和下属的沟通过程中，如果领导者能记住下属的姓名和一些下属的情况，那么，说出来后会使下属感到格外地亲切，几句随便的攀谈，便能对下属产生精神激励作用。

美国前总统罗斯福说过："交际中，最明显、最简单、最重要、最能得到好感的方法，就是记住人家的名字。"领导者拉近与下属之间的距离的第一秘诀就是记住下属的名字，因为记住下属的名字，是尊重下属的开始，也是与下属有效沟通的第一步。

吉姆·佛雷10岁那年，父亲就意外丧生，留下他和母亲及另外两个弟弟。由于家境贫寒，他不得不很早就辍学，到砖厂打工赚钱贴补家用。他虽然学历有限，却凭着爱尔兰人特有的热情和坦率，处处受人欢迎，进而转入政坛。最叫人佩服的是他还有一种非凡的记人本领，任何认识过的人，他都能牢牢记着对方的全名，而且只字不差。

他连高中都没读过，但在他46岁那年就已有四所大学颁给他荣誉学位，并且高居民主党要职，最后还担任邮政部长之职。

有一次有记者问起他成功之秘诀。他说：“辛勤工作，就这么简单。”记者有些疑惑，说道：“你别开玩笑了！”

他反问道：“那你认为我成功的原因是什么？”

记者说：“听说你可以一字不差地叫出一万个朋友的名字。”

“不。你错了！”他立即回答道：“我能叫得出名字的人，少说也有五万人。”

这就是吉姆·佛雷的过人之处。每当他刚认识一个人时，他定会先弄清他的全名，他的家庭状况，他所从事的工作以及他的政治立场，然后据此先对他建立一个概略的印象。当他下一次再见到这个人时，不管隔了多少年，他一定仍能迎上前去在他肩上拍拍，嘘寒问暖一番，或者问问他的老婆孩子，或是问问他最近的工作情形。有这份本领，也难怪别人会觉得他平易近人，和善可亲。

古人云：不知礼，无以立也；不知言，无以知人也。记住下属的名字，不仅传递了你对下属的尊重，满足了人类基本的心理需求，拉近了人与人之间的距离，产生其他礼节所达不到的效果，也体现了领导者的知识、涵养和魅力所在。

世界上天生就能记住别人的名字的人并不多见，大多数人能做到这一点全靠有意培养形成的好习惯。对于领导者而言，你一旦养成了这个好习惯，它就能使你在与下属的沟通中占有很多优势。

在一家公司的员工年会上。上任不到半年的总经理举着盛满红酒的玻璃杯，走到员工的餐桌前和大家干杯。大家看见总经理驻足在面前，不约而同地都站立了起来，以示尊重。然而这位总经理大声说道：

“尊敬的员工们，现在我提议，我站着，大家坐着，当我叫出谁的名字的时候，就请谁站立起来，和我碰一下杯，至于酒嘛，就请随意地喝一口，互相不要勉强，好吗？”

大家异口同声地“好”了一声后，都眨巴着疑惑的眼睛看总经理，他难道真能叫出每一位员工的名字？要知道，参加年会的员工有360位。这时，只见总经理举着酒杯，走到一位员工面前，先是立刻非常准确地叫出这位员工的名字，接着再报出其工号，并和这位员工轻轻地碰一下杯，道一声“辛苦了，公司不能没有您，谢谢您！”抿上一口红酒，紧紧地和这位员工拥抱一下，如果是女士，则要紧紧地握一下手，完毕了做一个“请坐”的绅士手势，然后再走至下一位员工前。当他准确无误地叫出最后一位员工名字的时候，全体员工都不约而同地站了起来，使劲地鼓着掌，在经久不息的掌声中，360位员工敬意目光一齐投向这位总经理。而总经理呢，似乎也被这一情景感动了，一会儿高扬着双手挥动着，一会儿高扬着的双手握成一团，以表示最诚挚的谢意。

会后有人问总经理：“你的记性怎么会这么好？竟能记住了全公司每一位员工的名字？”他微笑着回答：“我是公司的总经理，每天要到各个车间里实施走动管理，我命令自己每天必须要记住3位员工的容貌和他的名字及工号，这样做不仅是对员工的一种尊重，也是和员工心灵的一种沟通。因为我有这方面的体会，我以前也是一名普通员工，作为一名普通员工，自己总是很想在总经理心目中占有一席之地，让管理者感知到我的工作价值，就和我的名字一样，是独一无二的，也是难以替代的，这样工作起来才会有股劲头。而作为公司总经理，应该具备这样的记忆力，能牢牢地记住每一位员工的名字以及他的工号，而且能随时随地很快地叫出每一位员工的名字和他的工号，这也许要比记那些MBA教

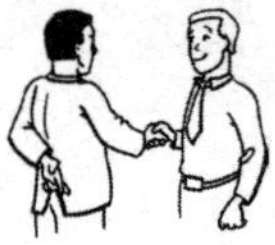

材里的名词术语管用得多。”

美国一位学者曾经说过：“一种既简单但又最重要的获得好感的方法，就是牢记住别人的姓名，并且在下一次见面时喊出他的姓名。”名字作为每个人特有的标识，是非常重要的。对一个人来说，自己的名字是世界上听起来最亲切和最重要的声音。它不但获得友谊、达成交易、得到新的合作伙伴的通行证，而且能立即产生其他理解所达不到的效果。所以，尝试记住他人的名字，不仅是对他人的尊重和表示你对他人的重视，同时也让对方对你产生更好的印象。

记住对方的姓名，并不是一件轻而易举的事，需要下一点功夫，还得有一套方法，一般能记住大量名字的人的方法，主要有如下几点：

1.记住每个人的特征

人有许多方面的特征，有外形的特征，如眼睛特别大，胡子特别多，前额很突出等等；有职业上的特征，如他最擅长某一技术，在某一技术、学识上有受人称道的雅号等等；名字上的特征，有的名字故意用些生僻的字，或者很少用来作名字的字，有的名字与某几个人的名字完全相同，这本来是没有特征的，但可以把“同名共姓”作为一个特征，再把他们区别开来，就容易记忆了。

2.用本子记下对方的名字

如果对方的名字比较难记，你可以说：“我记忆力差，请让我记下来。”对方不但不会讨厌，还会产生一种自重感，因为你真心实意想记住他的名字。为了防止以后翻到名字也回忆不起来，除了记下名字以外，还要把基本情况如性别、年龄等记下来。这个小本本要经常翻一翻，一边翻一边回忆那一次会见此人的情景，这样，三年五载以后再碰到此人，你也可以叫出他或她的名字来。

与员工私下闲谈，增进彼此之间的了解

领导者的职能在于，协调组织内的员工为共同的目标去前进。正因为这样，与员工进行个别的私下闲谈，就成为领导者进行思想工作的一个重要方法，也是一门重要的领导艺术。

与员工私下闲谈，目的只有一个，就是让员工感受到领导对他的重视，让他更好地为组织或企业工作。和员工私下闲谈，尤其是和优秀员工进行私下闲谈，是领导者与员工联络感情的重要方式之一。

我国湖南省某市自来水公司于经理十分善用聊天的方式沟通领导与被领导之间的信息和感情，调动员工的积极性，从而使公司的社会效益和经济效益都取得了一定的成果。一天下班后，几个员工聚在一起大摆“龙门阵”，于经理凑上去说：“我也来聊聊。”其中一个员工很不友好地说：“你坐的是人造革的沙发，我坐的是天然草皮，屁股有贵贱，同你怎么能聊到一块呢？”他认为这么一说，经理会马上就走。谁知话音没完，于经理已经席地而坐了。挨在他身边的另一个员工也话中带刺地说：“你想到的是‘一泓碧水沁万家’，我想的是‘二两白干暖心头’，还有房子、票子、儿子等方面的问题，摆起来不怕‘抬杠’？”于经理却接着说：“‘个人’和‘万家’紧紧相连，‘白干”和“碧水’也有联系，就是‘抬杠’也能合着步子走。”

就这样，在有问有答，有高腔，也有和气的气氛，于经理与几个普通的员工聊起来了，聊得那么融洽、那么投机，从猴子变人聊到自来水

公司领导和员工的责任，从“酒干倘卖无”聊到发展生产与改善生活的关系，从当领导的也有七情六欲谈到如何共同争取更加美好的明天。经过多次这样的“聊天”，加深了领导与群众之间的相互了解，促进了经理同员工之间的感情交流。

由此可见，员工之间或员工与领导之间的许多具体问题，都适宜通过私下闲谈来加以解决。运用好私下闲谈，不仅可以了解情况、沟通思想、交换意见、提高认识、解决问题，还可以畅通言路、集思广益、凝聚人心、增进友谊。

从人际关系的角度看，闲谈对于领导者也是必不可少的。闲谈多在八小时工作之外进行。领导者的工作特点决定了他的工作要超出八小时。是否善于利用闲谈的方式，常常影响众人对他的看法。

从社会心理的角度看，人们对领导者人格的评判，似乎更重视八小时以外的表现。人们常常通过他是否喜欢闲谈，或怎样与人谈话来判断他的性情是亲切随和还是孤傲清高等等。

一般来说，人们总是喜欢通过闲谈来反映某种情绪要求，而不善闲谈的人总是表现得比其他人要慢半拍，他们对周围的人事变化、生活琐事一无所知。一旦得知时，某事往往已经发展到难以控制的地步了。很多领导者被冠以“清高”之名，原因就在于他们不屑于闲谈，使人感到难以接近。这是感情沟通的障碍，因为人们对于严肃的人总是敬而远之的。如果你在吃午饭时与别人谈谈食品营养、卫生，谈谈环境、服装、桥牌、围棋，别人在感情上与你的呼应是很明显的。社会心理的调查证明，对于强人、能人所表现出的亲切、随和，人们是格外感兴趣的。因为他们出色的工作已经产生了与众不同的影响，所以人们希望他们能在感情上与自己沟通，否则人们对他们就会产生相距甚远、不可企及的想法。

日本索尼董事长盛田昭夫多年来保持着与员工一起吃饭、聊天的习惯。有一天晚上，他在职工餐厅与中下级主管共进晚餐时，忽然发现一位年轻员工一副无精打采、心神不宁的样子，于是，盛田昭夫就主动坐在这名员工对面，问他有什么心事，为什么闷闷不乐？在盛田昭夫的鼓励下，这位员工几杯酒下肚之后，终于说出了心里话：“我毕业于东京大学，上学时就听说过索尼公司，对它可以说是心神驰往。在来索尼之前，我有着一份待遇非常优厚的工作，后来自己毅然辞掉那份工作，来到了索尼，我原以为这是我一生做出的最佳选择。但是，现在我对索尼感到很失望。在这里我无法为索尼而工作，只能是为我平庸的管理者服劳役，做什么事情都必须经过他允许，我想搞一些发明创造，管理者不仅不允许，还冷嘲热讽，真是太让人失望了，这难道就是我朝思暮想的索尼吗？”

盛田昭夫听了这位年轻员工的话，感到异常吃惊，心想像这位员工一样受到不公正待遇、有才华无处施展的员工一定不在少数。作为企业领导一定倾听他们的心声，关心他们的苦恼，为他们开辟自由施展才能的空间，于是他在索尼实行了一项内部招聘制度，把各部门的用人信息刊登在每周的公司小报上，员工可以前去应聘，管理者不得阻止。对于那些有能力、上进心强的人才，公司会主动给他们提供用武之地，使他们在中意的岗位上实现人尽其才，才尽其用。

与员工进行私下谈话和沟通，了解最底层员工的想法，不仅可以化解员工不满和隔阂，而且还有利于企业的进步。然而要使私下谈话收到实实在在的成效，领导者还必须掌握一些谈话的技巧。

1.遵循平等的原则

领导者与员工私下闲谈是一个双向交流过程，不可居高临下，盛气凌人。不要把自己的观点强加于人，要把员工放在与自己平等的地位，消除员

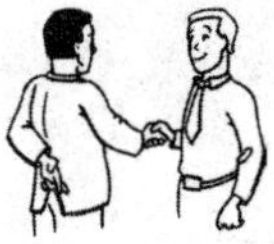

工顾虑与拘束，允许员工发表自己的观点和看法。

2. 谈话要有明确的目标

与员工的私下闲谈一般有几种目的：一是掌握情况，便于下一步开展工作；二是解决问题，化解矛盾，排忧解难；三是鼓励进步，激发向上；四是布置工作，明确责任，指导方法；五是沟通感情，融洽上下关系。通常情况下，一次谈话不能企图同时解决许多问题，要适可而止，让员工有意犹未尽的感觉，这样的谈话最能给人留下深刻的印象。

3.放下架子，进入角色

如果是在你的办公室，可先请员工坐下，递上一杯茶，说上一两句寒暄的话，这会令员工觉得你和蔼、亲切，有人情味，并心存感激，紧张或激动的情绪也会因此而放松或平静；如果你到员工的办公室，应尊重别人的习惯，在员工正忙的时候，可稍微等候一下。要根据精心选定的谈话时间、地点及场合，自然地进入角色。切入谈话的时机要恰当，否则会造成“话不投机半句多”。

4. 动之以情，晓之以理

与员工进行私下谈话，要十分注意以情感人。进行私下谈话，如果感情真挚深厚，就会增加信任引起共鸣。如果缺乏真实感情，就会引起员工戒备，产生反感。因此，在谈话开始阶段，不妨先说一些员工关心的、感兴趣的事情，使谈话的双方逐渐具有共同的语言，产生感情对流，沟通思想。

虽然动之以情在私下谈话中的作用是不可低估的，但情不能代替理，私下谈话还应晓之以理，最终靠充分说理，以理服人。说理一定要严格把握原则，要把道理讲透，切合实际，个别谈话才能收到好的效果。所以，在私下谈话中要做到情真理切，情理结合。

5.说话要有理有据

虽然和员工私下谈话，没有第三者在场，但作为领导者，你和员工说的每一句话，都应该有理有据，都应该负责任。不能说过就忘，私下说的和会上说的相互矛盾。这样会让员工对你的认识生产矛盾，认为你当领导的说话不负责任，对你的话也就可听可不听了。以后你采取的措施，也就起不到应有的激励或警告左右。

6. 不在员工面前议论是非

与员工谈话是为了了解情况，沟通思想，所以在与员工的私下谈话中不要议论任何人的长短是非，尤其是与工作无关的事情。

7.勿将谈话内容公开

两个人在私下进行交谈，不免会透露出一些秘密和心声。但千万不要把心中的想法告诉第三者，不要辜负了员工的信任。如果被外人知道，以后再传到当事人耳中，他就会有被骗、被羞辱的感觉，进而质疑领导者的人格。

换位思考，让上下级的沟通更顺畅

生活中，人们难免会遭遇各种矛盾，如果能做到“换位思考”乃至“换位体验”，从对方的角度出发去分析问题、感受体验，那就容易理解、容易沟通了。换位思考和换位体验，就是把自己放到对方的位置，站在对方的角度来考虑问题，去感受和体验生活的酸甜苦辣。

通过换位思考，了解对方的需求，体谅对方的感受，从而相互了解、相互尊重，达成共识。

有这样一则小故事：

周末的一天，一位妈妈带着女儿逛商场，奇怪的是女儿对琳琅满目的商品丝毫不感兴趣，总是急躁、哭泣。妈妈百思不得其解。恰巧，女儿的鞋带开了，妈妈弯腰为女儿系鞋带，无意中一扭头，发现从女儿的角度看去，看到的都是密密匝匝的人腿，根本看不见商品。于是，这位妈妈以后带女儿逛商场，总是尽量抱着她，果然，女儿再也不急躁、哭泣了。

这个故事告诉我们，人的位置不同，看法想法也各不相同。同样，在管理中，领导者和下属所处位置的不同，必然会导致双方在思想、行为上的不统一，甚至产生矛盾。此时，如果领导者都能降低自己的“身份”，设身处地地去替对方考虑，通过换位思考，把自己当成普通的员工，就能够有效地消除反感和对立情绪，消除成见和隔阂，找到思想上的切入点。

换位思考在管理沟通中是非常重要的。领导者在与下属说话的过程中，适当地运用换位思考，可以使沟通更顺畅，更容易达到沟通的目的。

某精密机械工厂生产某项新产品，将其部分部件委托另外一家小型工厂制造，当该小型工厂将零件的半成品呈示总厂时，不料全不合该厂要求。由于迫在眉睫，总厂负责人只得令其尽快重新制造，但小厂负责人认为他是完全按总厂的规格制造的，不想再重新制造，双方僵持了许久。总厂厂长见了这种局面，在问明原委后，便对小厂负责人说：“我想这件事完全是由于公司方面设计不周所致，而且还令你吃了亏，实在抱歉。今天幸好是由于你们帮忙，才让我们发现竟然有这样的缺点。只是事到如今，事情总是要完成的，你们不妨将它制造得更完美一点，这样对你我双方都是有好处的。”那位小厂负责人听完，欣然应允。

在实际的工作中，成功的领导者通常都是利用换位思考，把焦点集中在下属或员工身上，从他们的眼光出发，来寻找最可能影响他们态度和行为的管理方法。

然而现实生活中，很多领导者在处理问题或者与下属交往的时候，往往总是立足于自己的立场，从自身的利益和需要角度进行考虑，而很少考虑到下属的感受和利益与需要，更不能从下属的立场来思考问题。这时就只会坚持自己的想法，使得双方的“结”越来越紧，以至于怎么也打不开，这种情况下不要说有效沟通，两者不产生更大的分歧就不错了。如果领导者站在下属的角度去思考问题，就更容易了解到下属的需要，更容易明白企业发展的点在哪里，从而和谐沟通，实现企业的有序发展。俗话说“换位思考，推己及人”，领导者只要学会换位思考，沟通自然没有问题。

在管理中，换位思考是一种先进的管理理念和有效的管理手段。领导者与员工之间应该提倡换位思考。如果领导者做决策之前考虑周全，尤其是多想想员工的利益有没有得到保障，这样就能起到积极的作用，开展起工作来也会容易得多。反之，必会困难重重。

美国玫琳凯化妆品公司的创办人玫琳·凯女士就是利用换位思维来待人处事的典范。玫琳·凯女士在创办公司之前，曾在多家直销公司工作，作为别人的部属，她非常清楚替别人工作是怎么回事。她在准备出来自己创业时，曾发誓：要建立一套能够激发工作人员热忱的管理方式，绝不让她曾体验过的别人在管理上的错误在自己公司重演。在面对一位部属的时候，她总是先想：“如果我是对方，我希望得到什么样的态度和待遇？”每当有人事问题必须解决的时候，她总是先如此自问。而经过这样考虑的结果，往往再棘手的问题都能很快地迎刃而解。

作为领导者，应当提倡由上至下的换位思维。领导者对下级的换位思考有利于广泛听取和采纳下属的意见，实行民主管理，特别是下级提出一些比较尖锐的问题和批评意见时，采取换位思维，可能就能听得进去，有利于提高领导者的管理水平，反之则不然。

有一名主管看见一名员工没有在自己的工作岗位，而是在室内休息，本打算上前询问缘由，可一想，与其劈头盖脸地说他一通，还不如自己以身作则，多为客户服务。该主管在忙活时，别的员工告诉他，那位员工已经感冒好几天了，可他却坚持带病工作，刚才实在挺不住了，才进屋休息一会儿。主管了解这一情况后，及时将这位患病的员工替换下来，让其回家休息。

美国汽车大王福特说过一句话："假如有什么成功秘诀的话，就是设身处地替别人着想，了解别人的态度和观点。"因为这样不但能得到你与对方的沟通和谅解，而且能更清楚地了解对方的思想轨迹及其中的"要害点"，瞄准目标，击中"要害"，就能使你的沟通能力大大提高。

如果你想改变人们的看法，达到沟通的目的，请遵循这一规则：试着诚实地从他人的角度来看事情。

我们常说遇事要将心比心。因此，"知己解彼"是沟通的原则。人是有感情的社会性的动物，需要别人的理解。学会换位思维就能够帮助我们通过转换认识立场来发现新问题、寻求新答案，克服自我中心主义或先入为主的种种主观偏见，打破旧的思维框架或心理定式，以超越自我的态度客观公允地审视和认识自我的实际情况以及与客体的真实关系。只有我们学会换位思考，设身处地为他人着想，才会与他人在情感上得到沟通，增进彼此的相互理解。

换位思考的前提是相互理解，只有在理解对方的基础上，才能更好地掌握其思路。在实际工作中，如果领导者能恰当地运用换位思考的技巧，许多问题就可以迎刃而解了。

第四章 激励有道，鼓舞下属士气的说话技巧

赞扬是对下属最好的奖赏

领导赞美下属，既是对下属最好的激励，也是一种增进上下级关系的沟通方式。西方有句谚语：“一滴蜜比一桶毒药所捉住的苍蝇还多。”领导给予下属适当的赞美，就如同一滴蜜吸住了他们的心，这是通向下属心灵的一座桥梁，让下属在得到精神和心灵上的慰藉后，会用加倍的忠诚和努力工作来回报你的赞美。

洛克菲勒曾经说过：“要想充分发挥员工的才能，方法是赞美和鼓励。一个成功的管理者，应当学会如何真诚地去赞美他人，诱导他们去工作。我总是爱挑别人的错，而从不吝惜说他人的好处。事实也证明，企业的任何一项成就，都是在被嘉奖的气氛下取得的。”赞美是一种鼓励，是一种肯定，赞美可以让平凡的生活富有乐趣，赞美可以把不协调的声音业成美妙的音乐，赞美可以激发人们的自豪感与上进心。

玫琳·凯所经营的美容、化妆品公司在全世界都享有盛誉。玫琳·凯于1963年在达拉斯成立了自己的玫琳凯化妆品公司。此后，她凭着坚定的决心、努力的工作以及无私的奉献精神，把公司从一家小型的直销公司发展成为全美最大的美容保养品直销企业，玫琳凯的品牌也成为美国面部保养品以及彩妆系列销售得最好的品牌。

在玫琳·凯所提倡的以人为本的管理方式中，赞美员工是一项美好的艺术。

在公司内部，玫琳·凯专门制定了一整套运用“赞美”的办法：每位推销化妆品的化妆师，在第一次卖出100美元的化妆品后，就会被奖励一条缎带作为纪念。

公司每年都会在总部的达拉斯会议中心举行一项盛况空前的“玫琳·凯年度讨论会”。参加讨论会的将是从庞大的销售队伍中选出来的两万多名代表。

会上，有非凡成绩的推销员将穿着代表最高荣誉的“红夹克”上台发表演说，公司还会为推销化妆品成绩最好的美容师授予代表公司最高荣誉的奖品——镶钻石的大黄蜂别针。公司专门发行的通讯刊物《喝彩》月刊上，每个月都会把公司各个领域的名列前茅的100人的名字刊登出来表扬。

有个美容师在几个展销会上都没有卖出什么东西，在第四次展销会上卖出了不引人注目的35美元的东西，但是她的上司海伦并没有去指责她，反而表扬她：“你卖出了35美元的东西？那实在太棒了！”海伦的赞美和鼓励，给了美容师很大的信心和勇气，重新面对挑战，后来终于取得了良好的成绩。海伦也因为懂得善于运用赞美激励下属而受到玫琳·凯的重用。

玫琳·凯在谈到公司成功的经验时说：“我认为，‘赞美’是激励下属的最佳方式，也是上下沟通手段中效果最好的，因为每个人都需要赞美。只要你认真寻找，就会发现许多运用赞美的机会就在你的面前。”

赞美是一门艺术，恰当的赞美，能够调动下属的工作积极性，能够使彼此的关系更加和谐。对领导者来说，赞美下属是一笔小投资，但是它的回报却是非常丰厚的。领导者如果能学会赞美下属的技巧，掌握赞美别人的艺术，一定能收到意想不到的效果。

某单位领导很善于称赞员工们。因为他知道，称赞的力量往往是巨大的，称赞可以激励员工们不断努力、再创佳绩。

办公室秘书小高在一次竞赛中获得了年度新闻稿件一等奖。拿回证书以后，领导就给予了小高较高的评价："小高，不错！你的那篇稿子我拜读过，文笔流畅，观点突出。好好努力，将来很有发展的潜力。"

财务科会计小闫在全市财会人员珠算竞赛中获得二等奖。领导高兴地说："这次获奖，是你平时努力的结果。这就叫'功夫不负有心人'。如果没有往日的努力，是不可能会取得这么好的成绩的。"

这种称赞使下属意识到了自己的价值，从而也对自己充满了信心，同时还会使下属领会到领导对自己付出心血的肯定，便会产生"知己感"。

赞美是一种力量。当一个人具有某些长处或取得了某些成就，他还需要得到别人的承认。如果你能以诚挚的敬意和真心实意的赞扬满足一个人的自我需求，那么任何一个人都可能会变得更愉快、更通情达理、更乐于协作。

现实工作中，当下属付出艰辛劳动、接受工作指派、取得成果时，他们往往更渴望得到别人的尊重与承认。这时候，给予其真诚的赞美，让人有一种如沐春风的感觉。因为赞扬就是认可他的价值，肯定他的工作，使他拥有一种成就感、满足感。真正成功的领导者，是那些善于恰当地赞美下属，肯定下属的人。作为领导者，你应该努力去发现可以对下属加以赞扬的事情，寻找他们的优点，形成一种赞美的习惯。

曾任卡耐基钢铁公司董事长的高级经营家查尔斯·施瓦普就说过：“我很幸运地具有一种唤起人们热忱的唯一有效的方法，就是赞美和奖励。没有比受到上司批评更能扼杀人们的积极性的了。我不轻易批评人，而是激励人自觉地去发挥他的作用。嘉许下属我从不吝啬，而批评责备却非常小气。只要我认为某人出类拔萃，就会由衷地给予赞美，并且不惜拿出所有的赞词。”

同专业的肖明和李杰毕业后分到甲、乙两公司，两人的专业水平及各方面的才能不相上下，而肖明的领导王经理脾气不太好，职员稍有差错，轻则批评：“你怎么这么笨，连这种事都做不好。”重则以开除相威胁，常说：“下次再犯这样的错误，我就开除了你。”而对员工的优点却视而不见。有一次，客户送来一块样布，要求染出同一颜色的包装线来。肖明拿到样布，很快看出这种颜色需要五种色拼出来，于是他立即开出配方，打出小样。小样的颜色与来样看上去完全一样。于是车间内开始按这个配方进行生产。但肖明忘记了告诉车间主任染色时压力一定控制在2个大气压上。结果工人为了省时，压力升到1.5个大气压就关机了，致使染出的线略微有些色浅。不过，客户对此倒没有过分的挑剔，因为他们对肖明打小样的技术非常满意。但张经理为此却大动肝火，他当着许多的人的面大声呵斥肖明：“你为什么就不能多在小事上注意一些呢？幸亏客户没有退货，否则我将要开除你。”肖明自己也懊恼不已。从此以后，他经常为自己常犯这样那样的小毛病而自责，甚至有些自暴自弃。

而李杰，尽管他也常犯些错误，但其老板却从未严厉地批评过他，而是经常称赞他能干，肯吃苦。李杰为报老板的知遇之恩，更加卖力地搞产品推销，他一天就可以跑上五六家单位。最后，仓库内积压了一年的产品也被他推销出去。

一个人身上尽管毛病很多，但他在某方面总有令人满意的地方，在这方面多给予表扬，会促使他扬其所长，把工作干得越来越出色。

赞美之所以对人的行为能产生深刻影响，是因为它满足了人的自尊心的需要。赞美是对个人自我行为的反馈，它能给人带来满意和愉快的情绪，给人以鼓励和信心，让人保持这种行为，继续努力。赞美也是一种有效的激励，可以激发和保持一个人行动的主动性和积极性。

总之，赞美是世界上最动听的语言，一句赞美比什么都具有感染力。赞美可以激发下属的热情、强化下属的行为、保持下属的活力、挖掘下属的潜能、激发下属的创造力、加强企业的凝聚力，有利于企业的发展。不要吝惜你的赞美，去赞美你的下属吧！

赞美下属的实用技巧

“人人都喜欢称赞”。美国历史上的伟大总统林肯曾这样说：“人类本质里最殷切的需求是渴望被人肯定。”赞美具有不可思议的魔力，是激励下属的有力手段，领导者要善于使用这根魔棒把自己的下属变得干劲十足。从经济学的角度来看，赞美是一种产出远远大于投入的投资。给人以赞美，甚至不需要做物质上的付出，但却可能得到超出想象的回报。多数人都有闪光的地方，每一段人生都有值得回味的经历。多数人喜欢听到他人对自己的肯定和赞美，这会让他们有一种价值感，并由此充满自信。可以说，恰到好处的赞美无论对谁都很受用。

赞美是贴近人的本性的领导法则，得体的赞美，会使你的下属感到很开心、很快乐。心理学家威廉·詹姆士曾说：“人类本性最深的企图之一是期望被人赞美和尊重。渴望赞美是每个人内心里的一种最基本的愿望。我们都希望自己的成绩与优点得到别人的认同，哪怕这种渴望在别人看来似乎带有点虚荣的成分。”一句普普通通但却真挚诚恳的赞美之语，也许在别人却是莫大的鼓舞与激励。著名幽默大师马克·吐温更是对赞美的作用大加赞赏：“我可以为一个愉悦的赞美而多活两个月。”优秀的领导者懂得，激励下属最好的方法就是赞美。

李先生领导着一个不错的销售队伍，手下大概有二三十个员工，这个团队的业绩一直不错，可是想要做到公司最佳销售团队，却似乎总达不到。李先生的感觉是，这个团队好像缺了点什么。

一个偶然的机会，李先生带着队伍参加了一个团队拓展训练，当时大家玩得非常开心，以前所未有的合作精神共同完成了很多高难度的项目。训练回来后，李先生辗转难眠，他意识到，团队缺少的就是一种信念、一种相互扶持、互相帮助的氛围。

于是，李先生给员工下达命令，每天最少要夸一名同事，要努力地帮每一名需要帮助的同事。自己也以身作则，一改以前的不苟言笑的作风，将赞美的话语挂在了嘴边，甚至对于那些工作不理想的员工，也由以前的批评变成了鼓励。办公室的笑声渐渐多了，每个人的声音都开始充满了信心和力量，一股勃勃生气荡漾在每个员工的身边。

事实证明，赞美不但能使上下级谈话时气氛更加活跃，增强领导者与下属的感情，更可以在一定程度上满足下属在荣誉和成就感方面的欲望，以使其发挥更大的积极性。

赞美的功效不容置疑，但赞美的方式与方法又必须注意，否则，好的动机也会引申出差的效果。

王杰刚到一家公司，工作认真负责，努力进取。经理对他的表现非常满意，对他说："现在的年轻人大部分责任心不强，不思进取，而你和他们不同，好好努力吧"。这样一句赞美的话，很容易会使王杰有这样一些想法："如果我干得稍有点不好，经理肯定会说，现在的年轻人怎么都不行。”无形中，王杰就背了一个思想包袱。

赞美是一件好事，但绝不是一件易事。领导者赞美下属时如不审时度势，不掌握一定的赞美技巧，即使你是真诚的，也会变好事为坏事。所以，领导者一定要掌握以下技巧：

1. 赞美要及时

当下属做出了成绩，或者做了件有益于公司的好事时，最希望被人知道，及时得到人们的赞美，这不是虚荣心的表现，而是正常的心理活动。而且心理学表明，人们的这一期待心理是有时间期限的，得到的赞美越及时，人们越容易收到鼓舞。如果拖延数周，时过境迁，迟到的表扬就会失去原有的味道，再也不会令人兴奋与激动。所以，领导者要记着把你的赞美及时送达下属的心里，哪怕是下属有了一点小小的进步，也不要忘记及时向他们表示你的赞扬。

2. 赞美时态度要真诚

赞美下属必须真诚。每个人都珍视真心诚意，它是人际沟通中最重要的尺度。英国专门研究社会关系的卡斯利博士曾说过：“大多数人选择朋友都会以对方是否真诚。”所以在赞美下属时，你必须确认你赞美的人的确有此优点，并且有充分的理由去赞美他。避免空洞、刻板的公式化的夸奖，或不带任何感情的机械性话语，这样会令人有言不由衷之感。

3.赞美要突出重点，同时兼顾左右

肯定和表扬有成绩的下属，不可避免地要造成未受肯定和表扬的下属的心理失衡，这对于激励众人使之感动是必要的。但是，领导不能一方面极度褒扬某个下级，另一方面贬损其他人。

有一个小组工作成绩不错，每次都在全厂名列前茅。但是小组中只有几个工人（张某、王某、李某）表现特别突出，而大部分的工人成绩平庸。厂长在视察时很清楚地知道这一点。但他或者是为了照顾大家的情绪，或者是不习惯在群体中表扬个人，他说：“大家都工作得很好，继续保持和努力呀！”整个小组都得到了表扬而没有突出个人，其结果只会打击了几个特别突出的工人的积极性，使他们向普通工人靠拢。如果他这样说：“这个小组成绩不错啊！其中张某、王某、李某工作效率尤其高，单位小时件数达到了×件，这在全厂都是数一数二的，你们还要继续努力向他们学习。”这样，就做到了既突出了重点，又不损伤其他人的自尊心，效果更好一些。

4. 赞美要具体

表扬下属时，要针对他的工作，而不是针对人，哪件事做得好，什么地方值得赞扬，说得具体些，才能使受夸奖者产生心理共鸣。比如“你刚才结尾的地方很有创意”。如此一来，下属便知道哪里做得好。倘若你进一步夸赞其内在特质：“结尾做得很有创意，可见你是个很有创意的人。”就更能提升下属的心理满意度。相反，如果你对任何人都用一样的赞美之词，使用空洞、刻板的公式化的夸奖，或不带任何感情的机械性话语，那么时间久了，你的赞美之词就成了乏味的唠叨。

5.背后赞美

即在当事人不在场时，背后进行表扬。这种方式的表扬，不管是在什么会议或个别场合进行的，都能传达到被表扬者本人，起到表扬的作用。它会使被表扬者感到领导对他的表扬是真诚的，不是“当面说好话”，所以常常起到某些当面表扬起不到的积极作用。

杨勇是一家公司的总经理，是一位受所有下属爱戴并喜欢的领导者。在下属眼里，他不但是一位智慧的领导者，还是一位会赞美人的好领导。

有一次，小王的客户来公司找小王时，恰巧小王有事出去了。杨勇代小王陪客户时，客户闲聊提到小王，作为上司的杨勇由衷地说道：“小王为人比较实诚，平时对待工作也负责、认真，我对他做的工作非常放心。”

客户听了，心里很高兴，说道：“是呀是呀，要不这几年来，我们公司一直相信小王推荐的产品嘛。”

杨勇夸小王的那几句话，没多久就通过客户传到了小王的耳朵里。小王听后，心里颇为受用，不但对工作更加敬业，而且对总经理的爱戴更深一层。背地里，小王还对朋友们说，总经理是他的伯乐，他唯有加倍地工作，才能对得住领导对他的赞扬和信任。

看，这就是背后赞美下属的好处，即便杨勇没有当面与小王进行沟通，但杨勇那几句由衷的赞美，通过客户传达给小王的时候，比杨勇当面赞美他的效果还好。由此我们可以发现，领导对下属恰到好处的背后赞美，会让彼此心灵相通，胜过面对面的交流。

总而言之，赞美下属是一种不需要任何投资的激励方式。领导者千万不要吝啬自己的语言，真诚地去赞美每个人，这是促使人们正常交往和更加努力工作的最好方法。

对下属进行及时地肯定和认同

英国女演员、诗人乔吉特·勒布朗说："人类所有的仁慈、善良、魅力和尽善尽美只属于那些懂得鉴赏它们的人。"

任何一个人都希望得到别人的肯定，尤其是领导的认可。美国著名的企业管理顾问史密斯指出，每名员工再不显眼的好表现，若能得到领导的认可，都能对他产生激励的作用。

我们所说的肯定和认同，是指领导者对下属的优点和成绩所给予的一种赞誉和褒扬。肯定是一门艺术，领导者适时、适度地肯定下属的行为是对下属的一种尊重，既利于下属扬长避短，也能有效地调动下属工作的积极性和创造性。

在一家公司的提案初审会议上，一个员工兴致勃勃地带来了自己的产品促销计划。计划的构思虽然新颖，但是预算成本太高，而且有些活动又不合时令。其余各部门经理、主管以及同事们马上发现了提案的不可行性，大家纷纷提出质疑，这名员工一时间对自己的失误羞愧万分。主管计划实施的经理马上意识到了问题的严重性，立刻插言，结束了大家的争议，将大家的注意力集中在自己身上。他对该计划的可行性部分给予了肯定和赞赏，亲自让秘书草拟两份以备日后使用，然后鼓励该员工继续自己未完成的工作。

这位经理的高明之处就在于及时制止了其他人对该员工的反对意见，为员工提供了下台阶的机会，并用鼓励性的语言使问题由失败趋向了成功，这种肯定，尤其是当着这么多人的面进行肯定，对该员工产生了极大的激励。

每个下属的成长、成功都离不开肯定和认同，就组织而言，认同就是给下属锻炼、证明自己能力的机会。在肯定和认同的作用下，下属会认识到自己的潜力，并不断发展各种能力，成为生活中的成功者。就领导者而言，鼓励下属可以为自己树立良好的个人威信，使上下级关系更为融洽，沟通更为便捷，也能够提高下属的工作效率。如果领导者都能用鼓励的办法领导下属，那么，管理水平势必会上一个新的台阶。

员工需要精神激励，渴望被认可，当你真诚地表扬和感谢员工的时候，你会发现自己的精神也被鼓舞了，振奋了。而员工则感到受到了欣赏，得到了应该得到的荣誉。

美国卫奇塔州立大学管理学教授杰拉尔德·格兰厄姆博士在对处于各种工作环境中的数千名员工进行的研究中发现，对于这些员工来说，最强大的推动力是他们的经理那里得到的即时的、公开的认同。由此可以看出，最能影响员工工作满意度的是他们的上司，所以，每一位领导者都具备使下属对工作高度满意的能力。

担任企业资源开发公司总经理的麦克斯·卡雷在1981年创立以亚特兰大为中心的销售和市场服务公司就曾经历过步履维艰的困窘。当时，他的手下只有一个临时雇员。按他的话说：“大的成功离我们太遥远。

我们几乎感受不到任何激励。”他想出了一个决定：每次获得一个小成功都要自己庆贺一番。

卡雷出去买了一个警报器，还配了扩音器，这样就能发出救护车的声音。如果他在电话中宣传自己的产品时能绕过培训部主管，直接与那家公司的总经理通话，就要鸣笛庆贺一次；如果收到一大笔订货，警笛也会鸣响。如今，他的公司已拥有100多万美元的资产和11名雇员。每个星期，警笛声大的要在公司内回荡10次。每当知道有好消息时，大家都要出来听他们的同事对刚刚取得的成功庆贺一番，这也为大家提供了互相交流的机会。卡雷说：“我们的雇员经验还不够丰富，无法取得巨大的成功，所以这种庆贺也是一种很大的鼓励。”正是用这些小进步来临时的表扬鼓励，使卡雷的公司取得了惊人的成绩。

在下属取得成绩时，他们最想得到的，就是领导对他的一句肯定与认同。你的下属感受到自己的表现受到肯定和重视时，他们会以感恩之心表现得更加出色。对于下属来说，他的成绩哪怕是微不足道的，如果大方地给予如蜜般甜美的赞美之词，在他们看来就会是一种莫大的鼓舞。难怪管理顾问坎特这样说道：“对员工表示认同，做起来非常容易又省钱，简单到没有任何借口不这样做。”

人人都有得到别人认可和赏识的欲望。在工作中，这种欲望一旦得到满足，下属的才能就能最大限度地得到施展，潜能就能最大限度地得到发挥。领导者要想达到这一激励目标，往往只需做一件简单的事：及时对下属的工作给予肯定。

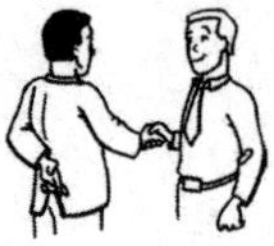

巧用激将法，激发下属潜能

俗话说：“劝将不如激将”。“激将法”就是利用人们的自尊心和逆反心理，从相反的角度“刺激”对方“不服气”的情绪，使其产生一种发进取的“内驱力”；如此一来，就能把对方的潜能充分发挥出来，实现良好预期，达到其他劝说方法不能奏效的结果。

一位成功人士赵先生，他在回忆自己的成长经历时充满深情地提到以前的某位老师，很有感慨地说如果没有老师当年讲的话，可能就没有今天。听众们在心里暗自猜想：老师当年讲的可能是很动情，很有鼓动性的话吧，哪知事实往往出乎意料。

赵先生说，自己从小调皮捣蛋，无心学习，整天打架……总之是劣习成性，没有哪个老师能把他驯服。后来有位老师当了他的班主任，在一次他把邻班同学的头打破以后，老师怒气冲冲地对他说：“我看你确实是扶不起来的阿斗，没有什么出息了，如果你以后能有点出息，那真是太阳从西边出来了。我把手指头剁了也不相信你能干出点什么……”

他说老师的话对年少的他刺激很大，他没想到老师会从心底里瞧不起他，认为他不会有出息。于是，他决心改掉所有的劣习，好好学习……最后，他终于成功了。那时，他才明白老师话中真正的含义。

这是使用“激将法”的一个典型的例子，抓住被激励者的心理，狠狠地泼他一盆冷水，打击一下他的情绪，这样他会在愤怒之下迸发出更多的力量，这其实也是一种激励。

俗话说“劝将不如激将”，意在说明在某些特定的环境和条件下，若需激起某人的斗志，与其苦口婆心地正面劝说，不如故意给其刺激和贬低，从而激发其自尊心、自信心，获得重新振作的可能。

人们往往都有逆反心理，你越不让他干什么，他偏干什么，尤其是在气氛激烈的情况下，对于那些好胜心强并且脾气暴躁的人，用“激将法”来达到用他的目的是最好的办法。成功的领导者应善于利用激将法，激发下属的好胜心，因为这确实是使下属振奋精神，接受挑战的可靠办法。激发好胜心可以使下属斗志高昂。

美国黑人富豪约翰逊决定在芝加哥为公司总部兴建一座办公大楼，他出入无数家银行，但始终没贷到一笔款。于是他决定先上马后加鞭，设法将自己的200万美元凑集起来，聘请一位承包商，要他放手建造，自己想方设法筹集所需要的其余500万美元。

建筑持续施工到所剩的钱仅够再花一个星期的时候，约翰逊和大都会人寿保险公司的一个主管在纽约市一起吃晚饭。约翰逊拿出经常带在身边的一张蓝图准备摊在餐桌上时，保险公司主管对约翰逊说：“在这儿我们不便谈，明天到我的办公室来。”

第二天，当约翰逊断定大都会公司很有希望给他抵押借款时，他说：“好极了，唯一的问题是今天我就需要得到贷款的承诺。”

“你一定在开玩笑，我们从来没有在一天之内给过这样贷款的承诺。”保险公司主管回答。

约翰逊把椅子拉近说：“你是这个部门的主管。也许你应该试试看你有无足够的权力把这件事在一天之内办妥。”

主管微笑着说：“你这是逼我上梁山，不过。还是让我试一试看。”

他试过以后，本来他说办不到的事儿终于办到了，约翰逊也在钱花光之前几小时回到了芝加哥。

以激将法说服别人，务必找到并击中对方的要害，迫使对方就范。就这件事儿来说，要害是那位主管对他自己权力的尊严感。

约翰逊在谈话中暗示，他怀疑那位主管果真拥有那么大的权力。主管听了这话，感到自己的权力的威严受到了挑战。那么，我就证明给你看！

好胜与挑战是人之天性。对于许多工作，只要你善于激励，他们一定会以最大的热情去干，并干好这些工作。领导者应当学会“激将”，随时点燃员工的“热情之火”，使自己的团队有高昂的斗志和良好的战斗力。

俗话说：马不骑不快，牛不赶不犁。作为领导者，当你的下属因为生活、工作等方面的原因意志消沉时，你的充满激情和鼓动力的言谈会大大地鼓舞士气，激励起下属们的信心与勇气。领导者如果不能激励、鼓励下属，就很难合理地调动他的积极性，使他成为一个有所作为的人。

在管理中，激将法是激励下属发挥潜能的方法之一。激将法好用，但用好却有讲究。在使用激将法的过程中要避免一蹴而就的做法。因人而异是人性化管理的内涵之一，是确保激将法能产生效果的关键。反之，如果无视下属的客观差异，使“激将法”运用失当，就难免产生反效果。

领导者在激将之前要先掌握该下属的心理和行为特征，这需要领导者独到的识人本领。例如，分析其心理承受能力有多大，思想觉悟有多高，心理偏差有多远，个性潜能将发挥到哪一层次等等。即使不能全盘把握，也要有个大略评估，这是决定激将成败的关键。面对那些明白事理，却因为偶尔的犯错或突然受挫以致暂时迷失方向、产生自卑感或自暴自弃的人，激将法对他就可能收到满意的效果。

相反，有些人本身心理承受能力有限，已是在挫折中“风雨飘摇”、不堪一击，若再行刺激，甚至羞辱，就很可能彻底崩溃；还有一些人觉悟不够，散漫，对犯错早已习以为然，或者摆出一副“死猪不怕开水烫”的姿态，这时任凭如何激将，他仍是不为所动；更有甚者，会对领导者的良苦用心产生逆反心理，在企业当中制造某些不利团结的事端；也还有一些人的自卑感根源于自身能力的缺失，而且其自身潜能也确实有限，激将法于他也许会产生一时的感染力，但很快这种刚刚激起的自信就会被其实力不足而击垮。“冰冻三尺非一日之寒”，仅有激将是起不了多大收效的。

那么，怎样把握“激将法”的语言技巧呢？不妨注意下面几点。

1.对待不思进取的员工

有些员工精力充沛，没有压力，很容易满足现状，不思进取，工作也没有什么出色的记录，对于这种人，你就应该经常激激他，并且把一些重要的工作交给他。这时你可以这样对他说：“小王，这项工作只能交给你了，我知道你平时工作记录不是很出色，但是没办法，公司现在实在没人手，我希望你能尽心尽力地完成它……”

听完这话后，小王肯定会不舒服，甚至会有不服气的感觉，心里会想：凭什么说我工作不出色呢？我要让你看看！这样，他会把怒气转化为工作的力量，全心全意地去工作……所以，你不仅用他的过剩精力来提高了效率，而且也让他在出色完成工作后有种成就感，从而更加热爱他的工作，这也是评价员工工作的一种技巧。

2.对待自卑感的员工

有些员工虽然很有才华，但是有些自卑感，总怕自己干不好，这时你若狠狠打击他，会让他更加怀疑自己的能力，所以你采取行动时不要太鲁莽，要讲点方法。

对待这种员工，要采取“唱双簧”的方式，找个人配合，一个唱黑脸，一个唱白脸，一搭一唱，效果会很好。

打个比方，作为领导者的你要斥责一名年轻的员工，你唱的是黑脸，你应该对员工强悍一点，严厉一些，然后由你的助理——“白脸”上场，也就是你训斥后让助理找他，让你的助理扮演一个和善的角色，告诉他：“其实领导是想用‘激将法’激励你，说实在的，他挺欣赏你的，一直希望你……”

这样，他会感觉到你对他的期望，心里不免有点高兴，同时也领悟到你给他的压力，所以会很认真地更加自信地工作，那样，效果自然是没得比了。

在这种场合，应该是“白脸”唱主角，但千万要注意唱“白脸”的助理是否可靠，绝对不能让他夸大其词，信口开河甚至在后面说你的坏话，否则后果是难以想像的。

总之，适当地对你的下属使用“激将法”，你会发现他们的工作效果会更好。

鼓足干劲，为下属打气加油

无论一个领导者有多么优秀，个人也只能发挥1%的作用，但是假如下属受到很好的激励的话，就会发挥能量的100%，所以领导者的激励能力非常重要。通用电气CEO杰夫·伊梅尔特曾说过："一旦成为一名领导者之后，你所面临的最大挑战就是学会激励身边的人、培养他们，并帮助他们学会改变自己。你必须克服这一挑战，同时明白，领导者的任务就是为自己的团队成员提供服务。"

对于每位领导者来说，都希望自己的下属有积极的工作态度和较高的工作效率。然而这除了取决于下属自身，更少不了领导者平时对下属的鼓励。因为，领导的鼓励有利于形成下属的凝聚力，提高下属的自觉性，开发下属的潜力和保持积极的态度。

某服装厂接受了一批外商定货，货量大，时间紧，如按正常生产率是无论如何也不能在交货期日完成，而工厂如果不能按期交货，则不得不向外商赔偿一笔巨额违约金，并严重影响到信誉。为此老板召开了全厂职工大会，发表了热情洋溢的讲话：

"工友们，今天，有一件十分重要的事要和大家商量一下，这件事，事关咱们玩具厂的生死。大家知道，最近两年来市场竞争激烈，咱们玩具厂的利润不断下降，已经严重影响了大家的利益。作为厂长，我没有能力让大家多得工资，很对不起大家。但是，现在机会来了，这里有近十万美元的外商定货任务，我知道在短短一个月的时间内完成它有困难，但是，工友们，我们抢到这个合同不容易呀，不干，我们就没饭吃。”老板停顿了一下，目视下属，突然间喊了一声：“工友们，咱们干不干？”

“干！”会场上响起一片喊声，“加班加点，拼死拼活也要完成它。”

“好，工友们，有这句话我就放心了，现在散会，请大家回去，准备接受任务，我保证工作完成之后，每个人都将得到一个厚厚的红包。”

由于老板鼓动起了下属的热情，大家齐心协力，努力生产，加班加点，果真在交货日前三天完成了全部生产任务。

这位老板很会鼓动人心，把工人的热情调动起来，使工人们感到，这批任务完成与否，事关工人的切身利益，“不干就没饭吃”；最后，老板又把工作同每个人的物质利益直接挂钩，直接提出工作完成之后给予每个人一份奖金。真可谓用心良苦。

美国哈佛大学组织行为学专家詹姆斯教授对2000多名工人进行测试，结果发现：在无激励的情况下，每个工人的能力通常只发挥20%～30%；如果受到充分的激励（如管理者寄予希望、下属之间竞争、按劳计酬），他们的能力可发挥80%～90%。詹姆斯教授以一句精彩的话总结了这个实验结果：“士气等于三倍的生产率。”此话已经成为工商界的名言。

一个企业或组织也像一个人一样，“气实则斗，气夺则走”。而且这种精神面貌在下属之间相互影响，形成一种相对稳定的精神惯性。尤其在创业之初，促使下属形成向上、进取、拼搏、乐观的面貌是非常重要的。优秀的领导者的最大财富就是善于激励人，善于为别人鼓气。这也是一个领导者的必备素质。

大名鼎鼎的巴顿将军，被誉为美军的骄傲，但他的成长道路却充满了艰辛与坎坷。

巴顿在幼年时，就患了“阅读障碍症”，因此学习非常吃力，不得不付出比别的孩子几倍的努力。即使如此，他的成绩也非常糟糕。他不仅要克服在阅读和拼写上的生理缺陷，而且还要忍受同学们的羞辱和嘲笑。有些同学在课堂上模仿他发音不准的朗读，有些同学则在黑板上模仿他不规则的拼写，这让巴顿感到非常愤怒。

但老师却非常喜欢这个有韧性的孩子。每当巴顿能够清楚地读出一个单词或正确地写出一句话，老师都要在课堂上表扬他、鼓励他。老师的支持使巴顿更加勤奋地学习。

终于，学习刻苦的巴顿考入了他梦想中的西点军校。但由于他有“阅读障碍症”，虽然付出了很大的努力，成绩却并不理想。最终，他用了5年时间学完了4年的课程，并以优异的成绩从西点军校毕了业。

1915年，美国与墨西哥发生了战争。在这场战争中，美军的指挥官是潘兴将军。正是由于他，才使巴顿在这场战争中得到了崛起的机会。

那时的巴顿只是一名上尉，由于他脾气火爆，所以得罪了不少人。但是，潘兴将军总是不断鼓励他，即使是一些小小的成绩，潘兴也会举高采烈地说：“巴顿，好样的，小伙子。”这让巴顿备受感动，他决定要利用这次难得的机会来回报潘兴将军。

一次，巴顿奉命向部队驻地附近的农民收购玉米送往司令部。他只带了15名士兵，分乘3辆卡车前去执行任务。不料，途中他们却遭遇了五十多名匪徒的围攻。巴顿临危不惧，沉着指挥，将匪首击毙后，指挥美军士兵撤退。

本来这只是一次小小的遭遇战，并无特别之处。但是，事后查明，巴顿击毙的匪首竟是赫赫有名的大土匪卡德纳斯。于是，潘兴将军决定要重奖巴顿。因为，他觉得巴顿是一员虎将，他要将巴顿内心那无比强烈的求胜欲望彻底激发出来。

首先，潘兴将军通令全军嘉奖巴顿，然后，又召集新闻记者，将巴顿的英勇事迹讲述给他们。这样，巴顿的事迹上了美国各大报纸，成了美利坚民族的英雄，“巴顿神话”第一次在全国传开了。

从小就受尽冷落、歧视的巴顿，第一次享受到英雄般的礼遇，他内心狂热的求胜信念终于爆发了。在以后的战斗中，以及二战时期他都以勇往直前著称，最终成为美军中优秀的将领之一。

巴顿的后半生，脾气暴躁，人所共知，无论是下属还是他的上司，都惧他三分。但是，对于潘兴，巴顿是毕恭毕敬，从来没有冒犯过他。

潘兴将军无疑是成功的。他不但成功地塑造出了一个新的巴顿，而且让他在自己面前永远觉得他是下属。

身为领导者，要懂得为下属打气加油，鼓励和奖赏是非常重要的，它能使你的下属感悟到工作的意义，得到被尊重感的满足。领导者的鼓励并不用太多，可以是一句肯定的话、一句真诚的赞美，也可以是一个善意的微笑、一束期待的目光，只要是真正地发自领导者的内心，下属一定会干劲十足。

适时地鼓励和认同可以激发人的热情，挖掘出人的潜能。当领导者为下属摇旗呐喊时，下属会被这种认可和赞赏所感动，自然而然产生积极进取的精神，从而将自己的聪明才智充分地发挥出来，为组织或企业多做贡献。

激励是领导者提高下属斗志、高效开展工作的有效手段。在管理的过程中，领导者必须放下手中的“鞭子”，多使用煽情妙语去激发士气，赢得下属的尊重和理解，在友好和合作的气氛中，使下属愉快而又积极地去工作，从而取得与下属之间“双赢”的完美结局，而企业也能因此走向进一步的。

性格各异，激励方式有别

在《谏论》中有一个很有趣的故事：

有这么三个人，一个勇敢，一个半勇敢半胆小，一个人完全胆小。有一次，苏洵将这三个人带到渊谷边，对他们说：“能跳过这条渊谷的才称得上勇敢，不然就是胆小。”

那个勇敢的人以胆小为耻辱，必然能跳过去，那个一半勇敢一半胆小和完全胆小的人不可能跳过去。

他又对这剩下的两个人说：“能跳过这条渊谷的，就奖给他一千两黄金，跳不过则不给。”

这时，那个一半勇敢一半胆小的人必然能跳过去，而那个完全胆小的人却还是不能跳过去。

突然，来了一只猛虎，凶猛地扑过来，这时，你不用问，那个完全胆小的人一定会很快跳过渊谷就像跨过平地一样。

从这个故事可以看出，要求三个人去做同一件事，却需要用三种不同的条件来激励他们。如果只用同一种条件，显然是不能使三个人都动心的。领导者激励下属也是如此，对不同的人要采取不同的态度和方法。

人的需求包括生理需求、安全需求、社会需求、尊重需求和自我实现需求等若干层次。当一种需求得到满足之后，人们就会转向其他需求。由于每个人的需求各不相同，对某个人有效的激励措施可能对其他人就没有效果。领导者应当针对下属的差异对他们进行个别化的激励。比如，有的下属可能更希望得到更高的工资，而另一些人也许并不在乎工资，而希望有自由的休假时间。又比如，对一些工资高的下属，增加工资的吸引力可能不如授予他“优秀下属”的头衔的吸引力更大，因为这样可以使他觉得自己享有地位和受到尊重。所以，领导者要对症下药地针对不同的下属制订不同的激励计划，采取不同的激励手段。

在现实中，企业内的下属类型可以分为指挥型、关系型、智力型和工兵型。针对不同类型的下属，领导者应该分析其类型特点，采取不同类型的激励技巧，这样才能取得良好的激励效果。

1.指挥型下属

这类下属最大的特点就是喜欢命令别人去做事情，面对这一层次的下属，领导者在选取激励方式和方法的时候应该注意以下几点：领导者要在能力上胜过他们，使他们服气；帮助他们通融人际关系；让他们在工作中弥补自己的不足，而不要指责他们；避免让效率低和优柔寡断的人与他们合作；容忍他们不请自来的帮忙；巧妙地安排他们的工作，使他们觉得是自己安排了自己的工作。当他们抱怨别人不能干的时候，问他们的想法。

2.关系型下属

这类下属关注的对象不是目标，而是人的因素，他们的工作目标就是打通人际关系线。对于这种类型的下属，领导者应该考虑采取类似下列的激励技巧：对他们的私人生活表示兴趣，与他们谈话时，要注意沟通技巧，使他们感到受尊重；由于他们比较缺乏责任心，应承诺为他们负一定责任；给他们机会充分地和他人分享感受；别让他们感觉受到拒绝，他们会因此而不安；把关系视为团体的利益来建设，将受到他们的欢迎；安排工作时，强调工作的重要性，指明不完成工作对他人的影响，他们会因此为关系而努力地拼搏。

3.智力型下属

这类下属擅长思考，分析能力一般很强，常常有自己的想法。他们喜欢事实，喜欢用数字说话。领导者在激励这部分下属的时候，应该注意到：肯定他们的思考能力，对他们的分析表示兴趣；提醒他们完成工作目标，别过高追求完美；避免直接批评他们，而是给他们一个思路，让他们觉得是自己发现了错误；不要以突袭的方法打扰他们，他们不喜欢惊奇；诚意比运用沟通技巧更重要，他们能够立即分析出别人诚意的水平；赞美他们的一些发现，因为这是他们努力思考得到的结论，并不希望别人泼冷水。

4.工兵型下属

这类下属主要特征是喜欢埋头苦干。他们做事谨慎细致，处理程序性的工作表现得尤为出色。对于这样的下属，领导者要采用的激励技巧有以下几点：支持他们的工作，因为他们谨慎小心，一定不会出大错；给他们相当的报酬，奖励他们的勤勉，保持管理的规范性；多给他们出主意、想办法，使他们更好地完成工作。

第五章

怎样批评，下属才愿意听

批评会伤人，指责须谨慎

在工作当中，每个人都难免出现错误疏漏，下属也不例外。这个时候就需要领导者对下属进行批评教育和纠正，达到不再犯的目的。但是批评的尺度和方法却又必须掌握得当，不然效果就会适得其反。

就心理学而言，批评下属的过程是领导者与下属在思想、感情上的相互交流与认同的过程。在批评过程中，领导者越是尊重、理解下属的处境，就越能获得下属对批评意见的重视与接受。在发表批评意见中，尊重能使人懂得维护他人的自尊心，维护其面子；不出语伤人，不逞口舌之快，设身处地地去替他人考虑；讲话不自以为是，不强加于人。在接受批评意见中，尊重使人竭力认同别人批评意见中的有益部分，并予以积极的肯定。人们越是能尊重理解人，就越能冷静、客观地面对别人的批评意见。从这个意义上来说，尊重、理解，才是使忠言不逆耳、闻过不动怒的转化条件。

作为领导者，千万不要将批评当作发泄不满情绪的方式，批评不是发泄感情，除非你是恶意的批评。善意的批评是要为对方着想，而不是纯粹表达自己的愤怒。下属在接受批评时，可能会产生两种截然不同的感受：一种是很快意识到领导是在为自己好，是善意的批评；另一种则是认为领导在找人发泄心中的不快，是恶意的批评。在这两种不同的感受之下，人们对批评所接受的程度也完全不同。

“小赵，你到我办公室来一趟！”销售部经理“啪”的一声挂了电话，这让刚刚还和同事有说有笑的小赵一下子心惊胆战起来，他硬着头皮走进了经理办公室。

“看看你这个月的销售业绩，怎么这么差啊？你看看人家小李，刚来两个月，业绩就做到本月第一名。你以为我能让你拿这么多的薪水，我就不能让别人拿的比你更高？再这样下去，你这个销售冠军还能保持多久？”还没等小赵开口，坐在老板椅上的经理就是一阵连珠炮般地轰炸，说完还把一沓厚厚的报表扔在小赵面前。

“经理，我……”小赵本想趁这个机会就此事与经理正面沟通。

“什么都不用说了，回去好好反省吧。我再给你一个月的时间，要是下个月你的业绩还不能提升，那我就要扣你的年终奖金了。好了，你先出去吧。”经理不耐烦地摆手示意欲言又止的小赵出去。

一肚子委屈的小赵无奈地走出经理办公室，回想起经理那咄咄逼人的架势，他心里十分窝火。自己从公司创业到现在一直风雨无阻、任劳任怨地开发新客户、巩固老客户，拓展了公司近30%的现有市场，客户的投诉率一直保持在全公司最低，年年被评为优秀员工，而这些经理好像全都忘记了。这个月小赵被经理分派到刚开发的新市场，客户数量不多，但与前期相比，现在正以10%的速度增长。再加上本月由于公司总部发货不及时，有很多客户临时取消订货单，销售额与成熟市场当然不能比，而小李是新员工，一开始就被安排到原有的老市场，客户源稳定，客户关系网坚固牢靠，加上市场形势大好，自然丰收在即。小赵觉得经理只看数字，不问事实，真是太不公平了，真想辞职走人。

显然，事例中这个销售部经理的批评并没有起到积极的效果，它不但没有激发小赵的积极性，还严重损伤了他的工作热情。

作为领导者，应该尽量减少批评所产生的副作用，减少人们对批评的抵触情绪，以达到较理想的批评效果。若是领导者者在批评下属时，不讲究方式、方法，一味地横加指责，不但不会顺利达到教育下属的目的，反而还会引起下属的反感。

托马斯是一家工程公司的安全协调员，他的职责之一是监督在工地工作的员工戴上安全帽。每次一碰到没戴安全帽的人，他就会大声批评他们没有遵守公司的规定。员工虽然表面接受了他的训导，但却满肚子不愉快，常常在他离开后就又将安全帽拿了下来。于是，他决定停止当面批评。当他再发现有人不戴安全帽时，就问他们是不是帽子戴起来不舒服，或有什么不适合的地方，然后他会以令人愉快的声调提醒他们，戴安全帽的目的是为了保护自己不受伤害，建议他们工作时一定要戴安全帽。结果遵守规定戴安全帽的人愈来愈多，而且也不再像以前那样出现怨恨或不满情绪了。

批评是一个敏感的话题，哪怕是轻微的批评，都不会如赞扬那样使人感到舒畅。如果领导者态度不诚恳，或者居高临下，冷峻生硬，就会引发矛盾，产生对立情绪，使批评陷入僵局。因此，批评必须注意态度，诚恳而友好的态度就像一剂润滑剂，往往能使摩擦减少，从而使批评达到预期效果。

人在本性上都是不愿受到指责、批评的，不管你说的对不对，都可能让人不舒服，但是，批评如果注意方式方法，则能让人欣喜感慰着接受的，这就要求领导者能使批评达到春风化雨、甜口良药也治病的效果。

小赵上班经常迟到，理由也是花样百出，什么塞车、身体不适、隔壁邻居有困难需要帮助……连经理都佩服她怎么能想出那么多的理由。

这一天，到了下班时间，经理不经意地走到小赵的座位旁边问：

“小赵，今天晚上有什么事情吗？”

小赵完全想不出经理这么问的理由，只好老老实实回答：“没有什么事情。”

“那么就请你早点睡，我不想看见你明天再迟到。”

其他同事都偷偷捂着嘴笑，小赵也尴尬地笑了笑，此后小赵迟到的次数明显减少。同事们以此打趣小赵时，小赵说：“经理都那样宽容我了，我怎么好意思再迟到？”

这位经理很有批评的技巧，用笑谈的方式消除了小赵的情绪反弹，让她切实地改正自己的错误。这样的领导者，当然会为大家所接受、欢迎和拥护。所以，作为领导者，在与下属谈话时，尽量让自己的批评软着陆，才能赢得下属的好感和尊重。

掌握大原则，批评不过火

在工作中，领导者恐怕没有不批评下属的。批评是因为下属犯了错误，至少是领导者认为他犯了错误。批评的目的当然是让他改正，以后不再犯同样或类似的错误。但是，并不是所有的批评都可以达到这样的目的。因为不同的领导者，批评下属的方式不同，获得的效果也不同。有的领导者批评下属时，大吼大叫，甚至威胁下属，完全不给下属解释和说明的机会。这样的做法，即使下属真的有什么错误，他们也不会真心接受，只会对领导心生怨恨，为以后的工作开展制造障碍。

詹姆斯是一位精明能干的经理，可是就有个怪毛病，不准员工出半点差错，不然的话就大发雷霆。

有一次，他看到一份报告上有一个错字，那是个拼写错误，有人把Believe写成了Beleive。于是，雷霆大怒的詹姆斯把写错字的工程师叫到了办公室。

“你这个家伙连这么点错误都要犯，你到底是怎么读的博士学位？E怎么可能在I的前面，记住，I永远在E的前面。”整个走廊都听得见詹姆斯的声音。

可是，没过几天，詹姆斯经理又发现了同样的拼写错误，而且又是出自同一人之手。

这次，詹姆斯被彻底地激怒了，他叫来了那个“屡教不改”的工程师，怒不可遏地冲他咆哮道：“噢！上帝怎么也会让你长个脑袋？难道你的脑袋是吃屎的吗？你忘了我上次怎么说你吗？”

那工程师很平静，恶狠狠地盯着詹姆斯说道：“你不是说I永远在E之前吗？”詹姆斯大声回答：“是。”

工程师二话提说，随手从桌上拿起一份文件，把上面的Boeing字样一笔勾去，写成了Boieng。

这个不愉快的结局是由于这位詹姆斯经理缺乏批评技巧，如果他当时不那么气愤，而且采用一种心平气和的态度，可能就会很好的协调了上下级的关系。看来，批评下属是需要一定的分寸、尺度和语言技巧的，下面的几条原则可供参考和掌握：

1.尊重是批评的前提

每个人都有自尊心，领导者批评下属同样应在平等的基础上进行，态度上的严厉不等于言语上的恶毒，切记只有无能的领导者才去揭人疮疤。因为这种做法除了让人勾起一些不愉快的回忆，于事无补；而且除了使被批评者寒心外，旁观的人也一定不会舒服。同时，恰当的批评语言，还透示出了一个领导者的心胸和修养。所以，批评下属时绝不可恶语相向，不分轻重。

首先，要尊重被批评者的人格，不要说诸如“愚蠢”、“笨蛋”等污辱人格的话，而应使用委婉的语气去批评人，让他感觉到领导对自己并没有因为过错而轻视。其次，尽量不使用比较法来批评，因为这种比较实质上就是要证实被批评者的无能和愚蠢，是借机攻击他的自身价值，损伤了他的自尊心。

2.批评找准事实依据

在批评下属前，领导者先要深入了解事实真相。真相往往隐藏在表象之后，只有通过细致入微地分析，多方位多层次地综合，加之以理性的判断才可能浮出水面。因此领导者不可先入为主、主观猜测，而须秉持公正无私之心，这是确保批评顺利进行的前提条件。

一天，某单位几个小青年上街酗酒闹事，造成很坏影响，领导对此事十分恼火，在大会上公开点明批评了这些人。

可在点名批评的人中，有一个并未酗酒，也未滋事，只是在途中巧遇这些人，一起回单位的，也被领导点了名，曝了光。这个青年非常不满，当场站起来澄清说：“我并没有喝酒，只是偶然路过碰到一起回来的。你可以调查，你们批评人之前最好先调查清楚了！”

他的发言引起群众议论纷纷，领导非常难堪。

可见，实施批评之前，一定要细致调查、搞清事实，不能捕风捉影，听风就是雨，那样做只能使领导处于被动地位。

3.批评要刚柔相济

批评是一件严肃的事，既不能轻描淡写，也不能草率从事，要认真对待，触及灵魂。一团火气斥骂的批评方式，拍桌子打板凳，不但不能解决存在的实际问题，还会给下属留下极坏的印象。而对那些犯有严重错误，影响极坏而又屡教不改的人，千万不能用温和的言语进行批评，要用严厉的语言和严肃的态度，一针见血地进行批评。但这种一针见血的批评不是为了骂人，是救人。所以领导者在批评下属时，既要讲原则又要讲团结，既要严，又要慈，要刚柔相济。

4.批评要以理服人

批评能不能奏效，关键在于领导者能否以理服人。有些领导者总是忘不了自己大小是个“官”，下属一旦有错，总是居高临下，盛气凌人，好摆官架子，好拿当官的腔调，动辄训人。其实，有些人犯了错，在你没有批评他之前，他早有自知之明了，也许还想好了弥补的措施。可面对官气十足者的训斥，反而会产生逆反心态，“就是不服气”，甚至对着干。人非草木，孰能无情？只要晓之以理、动之以情、言辞恳切，把批评融进关切之中，既指出问题，也帮助分析问题产生的原因以及任其下去可能会造成的影响，同时给予热情的勉励和殷切的期望，让下属从内心里感到你是在关心他、爱护他，是在真心实意地帮助他修正缺点、改正错误，这样才能真正达到惩前毖后、治病救人的目的。

5. 批评的重点不仅在指出错误

很多领导者在批评下属的时，往往把重点放在对方的“错误”上，却并不指明对方应如何去纠正，因此收不到积极的效果。积极的批评，应在批评时提出建设性意见，以利对方改正。被批评者也会更加认识到你批评得很有道理，心悦诚服。

6.批评要注意态度

要站在下属的立场上，从爱护他的角度诚心诚意地批评，使他感受到你的温暖和关怀，卸下戒备和抵触情绪，真心接受你的批评。批评下属时，切记不要发怒，不要恶语伤人，不要以权压人。批评语言要有“温度”。虽然批评是否定的，但要使这种否定达到目的，就不能不讲艺术。批评的语言应该是“未成曲调先有情”，在批评过程中语言始终暖人肺腑，这样才能使批评的内容为受批评者所接受，成为一种催其奋进的激励因素，达到启发人、引导人、转化人的批评的目的。领导批评下属时，切忌冷嘲热讽，语言粗暴，没完没了，爱翻老账。

7.要对症下药

批评的要领是要抓住问题的实质。但必须注意根据批评对象的不同特点，采用不同的批评方式。因为不同的人由于年龄、阅历、文化程度、性格特征等方面的不同，接受批评的态度和方式也迥然不同。对于性格内向、善于思考的人，可采用提问诱导的批评方式，让被批评者通过回答问题来反思、认识自身的缺点错误；对于脾气暴躁、否定性心理表现明显的人，可采取商量探讨的批评方式，使被批评者置身于一种平等的氛围中，在心平气和的条件下虚心地接受批评意见，避免一下子谈崩；对于性情大大咧咧、什么都不在乎，心理承受能力特别强的人，可采取单刀直入的批评方式，一针见血地促其警醒。

8.不要在众人面前斥责下属

领导者当众批评下属的行为，是绝对不可原谅的。用这种方法批评下属，不仅打击下属士气，增加其心理负担，让其面子上过不去，还会造成对方顽强的反抗。所以，批评下属，应私下进行，不能随心所欲，张口就来。另外，批评时最好选在单独的场合，你的独立的办公室、安静的会议室、午餐后的休息室，或者楼下的咖啡厅都是不错的选择。

总之，在实施批评的过程中，我们一定要记住针对的是一件事而不是一个人，对下属出现的失误和错误，既要分清性质、程度和危害，不失时机地予以教育处理，又要与人为善，留点面子，不伤其人格，避免方法不当而激化矛盾，以至产生顶撞、对立的后果。

注意批评下属的方式和方法

在领导的工作中，批评也是一种必要的强化手段，它与表扬是相辅相成的。作为领导者，应该尽量减少批评所产生的负面影响，减少人们对批评的抵触情绪，以达到较理想的批评效果。

在批评别人的时候，首先应该对自己与别人都有一个正确的认识。要想到自己应承担的责任，想到自己的不足。同时，以理解的态度去看待对方的过失，考虑一下自己在同等条件下是否也会出现过失，不要以一贯正确的口吻去批评别人。尤其是自己也确有或大或小的失误时，自我批评更应该诚恳。正如一位哲人所说：我们只有用放大镜来看自己的错误，而用相反的方法来对待别人的错误，才能对于自己和别人的错误有一个比较公正的评价。

一次，王经理怒气冲冲地走进办公室，啪的一声将一份报告摔在秘书小赵的桌上，办公室里的几个人同时都愣住了。王经理以为这是个惩一儆百的好机会，接着大吼道："你看看，干了这么多年，竟写出这样空洞无物的报告，送到总经理手中，一定会以为我们都难胜其任！以后，脑子里多装点工作，上班时间精神振作一点。"说完，他一甩手走了，把个小赵晾在那儿，尴尬异常。过后，王经理满以为办公室的工作效率会提高，可事与愿违，大家都躲着他，布置工作，不是说没时间，就是说手头有要紧事。王经理这才略品出一点滋味，恍惚意识到此举不明智。

得罪人的批评并不在于批评本身，而在于批评的语言方法运用是否得当。外国有句谚语说：“关键不在于你说什么，而在于你怎么说”。就包含这方面的意思。运用得当，批评和表扬一样，都是激励下属的一种方法。批评是为了改变下属，而且要求不引起他的反感，这确实需要每一位领导者掌握一些批评的语言艺术。所以说，批评要想达到预期的效果，方法是关键。领导者只有找到正确的批评方法，才能达到理想的管理效果。

1.幽默式批评

幽默式批评就是在批评过程中，使用富有哲理的故事、双关语、形象的比喻等，以此缓解批评时紧张的情绪，启发批评者思考，从而增进相互间的感情交流，使批评不但达到教育对方的目的，同时也创造出轻松愉快的气氛。

有一次，某公司的一个职员以参加其祖母的丧礼为由请了一天的假，结果此事被其上司识破了。

等这位职员回到公司之后，上司问他：“你相信人会死而复生吗？”

还没有反应过来的职员没有怎么思索就答道：“当然相信。”

“这就对了，”上司微笑着说，“昨天你请假去参加祖母的丧礼，今天她就来看望你了。”

这位上司将对下属的批评很好地融入到开玩笑式的幽默之中，既能达到批评下属的目的，又能够让下属明白上司用幽默来处理此事的深意。这样的上司无疑会和下属相处得非常融洽，从而使上下级的关系更为密切。

2. 委婉式批评

即是不正面指出和点破，而是采取迂回曲折的办法，给下属以暗示和启发，使其悟出道理，提高认识。

刘伯承同志一次巡视部队，见有的指挥员忽视对敌警戒工作，便对他们说："老母鸡带小鸡时，它总是把两扇翅膀张开，头往前伸。这是为什么呢？依我看，除了教会小鸡寻食外，还要保护小鸡的安全，防止老鹰把小鸡叼走。"

张开两翅就是向两侧警戒，头往前伸就是随时准备战斗。刘伯承通过生动的比喻，讲到了警戒的重要性，使下属在不知不觉中受到启发，并认识到了自己的缺点。

3.警告式批评

如果下属犯的不是原则性的错误，或者不是正在犯错误的现场，领导者就没有必要"真枪实弹"地对其进行批评。可以用温和的话语，只点明问题，或者是用某些事物对比、影射，做到点到为止，起到一个警告的作用。

但如果对方自我意识差，依赖性强，不点不破，不明说不行，则可以用严肃的态度、较尖锐的语言直接警告他。

4.启发式批评

大多数领导者在批评时，往往把重点放在指责下属"错"的地方，却不能善意的指明"对"的应该怎么做。最好的批评应该是探讨式的，站在对方的角度分析错误的原因，寻求正确的做法。

某单位员工小王正在筹备结婚的大事。工会主任问他："小王，你们的婚礼准备怎么办呢？"小王不好意思地说："依我意见简单点，可是岳父大人说这是他的独生女的婚礼，一定要办得热热闹闹的。”主任说：“哦，咱们单位还有小赵、小李都是独生女。”

虽然工会主任没有直接说出自己的意见，但是他的意思小王一听就明白了。小王的意思是婚礼不得不办得热闹些，而主任的意思是：别人也是独生女，是不是都要大办呢？

5.激励式批评

用激励代替批评，是史金纳教学的基本观点。这位伟大的心理学家以动物和人的实验来证明：当减少批评，多多激励对方时，人所做的好事会增加，而比较不好的事会因受忽视而逐渐减少。

美国某公司一位高级主管，由于工作严重失误给公司造成了600万美元的巨额损失。为此，这位主管心里非常紧张。第二天，董事长把这位主管叫到办公室，通知他调任同等重要的新职。

“为什么没有把我开除、降职？”这位主管非常惊讶地问。

董事长回答说：“若是那样做，岂不是在你身上白花600万美元的学费？”

这出人意料的一句激励话，使这位高级主管从心里产生了巨大动力。董事长的出发点是：如果给他继续工作的机会，他的进取心和才智有可能超过未受过挫折的常人。后来，这位高级主管果然以惊人的毅力和智慧，为该公司做出了显著的贡献。

生活中，少一分指责，多一些嘉许，不仅令事情做起来得心应手，也给予对方愉悦的心情，何乐而不为呢？

总之，批评的方法应以教育为主，用事实教育人，用道理开导人，用后果提醒人，从而使对方诚心诚意地接受批评。

欲抑先扬，批评前先赞扬一番

我们知道，批评他人总会出现一些负面效应，人的本性是喜欢被别人赞许与肯定。当人们听到赞美时，会有一种积极、快乐的情绪体验。如果你在批评他人时，你能先赞美对方，让对方有一个良好的情绪体验时，再对其进行批评或者是规劝，那么就比较容易接受。

这种先表扬后批评的方法，实际上就是一种欲抑先扬的方式，即在批评别人时，先找出对方的长处赞美一番，然后再提出批评，最后再使用一些鼓励性的词语。这种方法使人认为你的批评是公正客观的，自己既有过失，也有成绩。这样就减少了批评所带来的抵触情绪，能收到良好的批评效果。

例如，上司对某下属说："你的工作非常认真，为公司尽了很多力，而且又富有责任感。唯一美中不足的是你所使用的言词，有些不合实际。倘若没有这一点，你就是公司里最优秀的职员了。"像这种勉励多于指责的话，下属当然乐于接受。

这是一种高超的批评艺术，领导者应该把它运用到实践中去。这种方法不难掌握，它的关键点在于要在批评下属的错误前先表扬他。

有位女打字员，打字总是不注意标点符号，办公室主任非常生气，他批评了很多次，但还是一点作用也没有。有一天，主任看到女打字员穿了件新衣服，就对她说："你今天穿了这样一套漂亮的衣服，更显示了你的美丽大方。"女打字员忽然听到主任对她这样赞美，受宠若惊。

主任接着说："特别是你这排纽扣，点缀得恰到好处。因此我要对你说，文章中的标点符号，和你衣服上的扣子是一样的，注意了它的作用，文章才能够表达得更漂亮或者说更加清楚。"从那以后，这位女打字员改正了她的毛病，很少出现以前的错误了。

成功学大师戴尔·卡耐基指出："当我们听到别人对我们的某些长处表示赞赏之后，再听到他的批评，心里往往会好受得多。"因为在我们听到他人赞美时，会产生一种积极、快乐的情绪体验，在此心理情况下，再听到他人的批评或者是规劝，那么就比较容易接受。这就像一枚苦味的药丸，外面裹上糖衣，可以让人感到一丝的甜味，容易一口吞下去，药物进入胃肠，才能够起到一定的效果，治愈"疾病"。

美国钢铁大王安德鲁·卡内基的侄女约瑟芬·卡内基，在她19岁那年来到纽约，成为卡内基的秘书。当时，她刚刚高中毕业，做事的经验几乎等于零，所以，在工作中总是出现这样那样的差错。卡内基毫不客气地批评了她，约瑟芬感到了巨大的压力。

一天，约瑟芬工作中又出错了。卡内基刚想开始批评她，但马上又对自己说："等一等，你的年纪比约瑟芬大了一倍，你的生活经验几乎是她的一万倍，你怎么可能希望她与你有一样的观点呢？你的判断力，你的冲劲等等，这些都是很平凡的。还有你19岁时，又在干什么呢？还记得那些愚蠢的错误和举动吗？"

经过仔细考虑后，卡内基获得结论，约瑟芬19岁时的行为比他当年好多了，而且他很惭愧地承认，他总是严厉地批评约瑟芬而很少称赞过她。从那以后，当约瑟芬再犯错误时，卡内基不再像以前那样当面指出她的错误。他总是微笑着对约瑟芬说："亲爱的，你犯了一个错误，但上帝知道，我所犯的许多错误比你更糟糕。你当然不能天生就万事精通，成功只有从经验中才能获得，而且你比我年轻时强多了。我自己曾经做过那么多的傻事，所以，我根本不想批评你。但是你不认为，如果这样改进的话，会更好一点吗？”

听到这样的话，约瑟芬不再感到有压力，而是充满了动力。后来，她已经成为一名很出色的秘书。

人往往喜欢被别人赞许与肯定，而不喜欢受到责备与批评，这是人的本性。人在本能上对批评都有一种抵触心理，人们总是喜欢为自己的行为辩解，尤其是一个人在工作中已付出很大努力时，对批评就更敏感，也更喜欢为自己辩解。而采用先赞美后批评的方法，让批评者在诚恳而客观的赞扬之后再进行批评时，他们会因为赞扬首因效应的作用，而觉得批评不那么刺耳。

在使用先赞美后批评的方法时，先要肯定下属，最好针对他的实际情况进行整体的赞许，然后，抓住一个细节进行放大，也就是将下属的优点放大，让下属感觉到你在时时刻刻的关心着他，同时自身的价值也得到了你的肯定。接着就渐渐引入到重点内容，指正下属的缺点或不足。在此之前你应该替下属辩解，让其知道你在任何时候都是站在他的角度上。最后，给予下属于勉励和期盼，让其充满信心地投入到以后的工作中，并根据你的引导积极改正缺点。

美国内战期间，约瑟夫·胡克将军毛遂自荐，当上了北方联邦军队的一个重要指挥官。

但是，随着时间的推移，人们越来越发现，胡克将军不是合适的人选。他谈起话来桀骜不驯，是如此的任性。于是，林肯总统给他写了

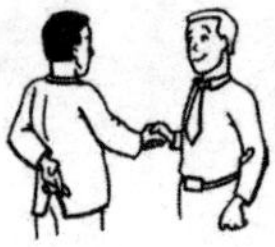

担任总统后最尖锐的一封信，批评他的短处，使他发挥他的长处，共同促进事业的成功。但关键的是不能引起他的反感。他是这样批评胡克将军的：

“我任命了你为波托马克军团司令。当然，我做出决定是有充分理由的。然而，我想最好还是让你知道有几件事我对你并不是很满意的。

我相信你是一个英勇善战的战士。对此，我当然是赞赏的。我也相信你没有把政治和你的职业混淆起来，这一点你是对的。你自己充满信心，这即使不是必不可少的品质，也是可贵的品质。

你有雄心，在一定的范围内，这一点是有利无弊的。但是我认为，在伯恩赛德将军指挥兵团时，你放任自己的雄心，极你之所能阻挠他，在这一点上，你对国家，对一位最有功劳的可尊敬的兄弟军官犯下了极大的错误。

我听说，并且我相信，你最近说我们的军队和我们的国家需要一个有绝对权威的统治者。当然不是因为此，而正是不顾此我才给你下达命令。

只有取得战功的将军才能做有绝对权威的统治者。我现在需要你取得军事上的成功，而我将承担独裁的风险。

政府将一如既往尽全力支持你，并支持所有的司令官。我非常担心你曾助长军队里的批评和不信任自己司令官的风气，现在正冲着你来了。但我将尽力协助你刹住这种风气。

不论是你还是拿破仑，如果他还在世的话，都不会在这种风气盛行的军队里得到好结果，而目前要防止急躁。防止急躁，但是要干劲十足，戒备不懈，勇往直前，为我们夺取最后的胜利。”

林肯在这封信中是如此淋漓尽致地表现了他高超的批评技巧。他并没有直截了当地说胡克的错误如何如何，而是首先给他一个“定心丸”：“当然，我做出此决定是有充分理由的。”然后，才指出他犯了错误：“然而，我想我最好还是让你知道有几件事我对你并不是很满意的。”又是多么得体、老练！

可见，领导者批评下属的方式是很重要的。如果你不能采取正确的方式改正一个人的错误，你就会生气，你就会不自觉地采取挖苦、讽刺的方式，有时还会说出一些不堪入耳的话。这不但不能达到批评改正的目的，而且还会造成你与下属之间的冲突。相反，如果你采用先表扬后批评的方法改正一个人的错误，就不会毁坏一个人的尊严和自尊心，你给他保留了脸面，他也更容易接受你的批评。

看来，先赞美后批评的方法是值得领导者借鉴的。如果你想获得驾驭下属的能力，就必须学会这种方法。更重要的是，你也会因此掌握了一种激励下属改正错误而前进的方法。

间接委婉地指出他人的错误

在生活和工作中，不可能没有批评，但要学会巧妙地批评，让他人既意识到自己的错误，又理解你善意批评的意图，因而对你心存感激。

进行批评最好的方式就是，间接委婉地指出他人的错误。间接指出别人的错误，要比直接说出口来得温和，且不会引起别人的强烈反感。那些对直接批评会非常愤怒的人，间接地让他们去面对自己的错误，会有非常神奇的效果。

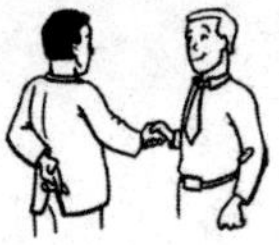

有一次，几个属鼠的男同学在期中考试中考了满分，挺得意，有点飘飘然。他们的班主任发现了，就对他们说：“怎么，得意了？你们知道得意意味着什么吗？请注意今天下午的班会。”那几个男学生猜想：糟了！在下午的班会上，等待他们的准是狂风暴雨！可奇怪的是，在班会上，班主任的批评妙趣横生，他说：“树林子要是大了，就什么鸟儿都有，自然，天下大了，就什么老鼠都有。我就听说过这么一个故事：有只小老鼠外出旅游，恰好两个孩子在下兽棋，小老鼠就悄悄地看。它发现了一个秘密，那就是，尽管兽棋中的老鼠可以被猫吃掉，被狼吃掉，被老虎吃掉，却可以战胜大象。于是它立刻认定，自己才是真正的百兽之王。这么一想，小老鼠就得意起来了，从此瞧不起猫，看不起狗，甚至拿狼开心。有一天，它还大摇大摆地爬到老虎的背上，恰好老虎正在打瞌睡，懒得动，就抖了抖身子。小老鼠于是更加得意，还趁着天黑钻进了大象的鼻子。大象觉得鼻子痒痒，就打了个喷嚏，小老鼠立刻像炮弹似的飞了出去。就这么飞呀飞呀，好半天，才‘扑通’一声掉在臭水坑里！好，现在就请大家注意一下，‘臭’字的写法，怎么写的呢？‘自’‘大’再加一点就是‘臭’。有趣的是，今年正好是鼠年，咱们班有不少属鼠的同学，那么，这些‘小老鼠’们会不会也掉到臭水坑里呢？我想不会，但必须有一个条件，那就是永不骄傲！”说到这儿，这位班主任还特意看了看那几个男同学。那几个男同学当然明白，老师的批评全包含在这个有趣的故事中了。他们挺感激，很快改正了自己的缺点。

班主任的说话方式是值得推崇的，没有急躁和严厉的口吻，也没有当着全班同学的面点名批评，而是通过讲一个故事，把现实和故事结合起来，既让人明白又不伤及尊严，难怪会得到同学的拥护。

在别人犯了错误，你不得不要求对方改正时，最好不直截了当地指出，而应该采用委婉的方式对对方进行暗示，让他明白自己的错处或隐私，并自觉地改正。这样，既可以使对方避免尴尬，也可以使你的建议能够更好地被人接受和执行。

有一个小制造厂的老板碰到了一个十分棘手的问题，就是工人们习惯地把螺帽、螺栓以及其他一些杂七杂八的零件丢在地上，无人收拾。有一天，这位老板独自一人走到工人装配区的厂房中央，拿出一卷一毛钱的硬币，把外面的纸卷撕掉，然后，把这一卷硬币丢到空中。这位老板看着这些硬币一直由空中掉落下来，散布到每个角落，然后平静地慢慢地踱回自己的办公室。工头和工人们忙着把这些一毛钱的硬币一个个拾起来，摇着头叹息道，真是再糟糕不过了，老板一定是疯了。

第二天，老板把所有的装配工人都找到他的办公室来开会，说道："你们到现在为止一定还在奇怪，我昨天为什么把钱丢到工厂装配区的地上。我并没有发疯，我只是要让你们了解我们现在所遭遇的问题。"停了一下，老板接着说道："每天，当我从办公室走到工厂制造区及装配区时，就会发现满地都是各式各样的零件，而你们却没有一个愿意把它们从地上捡起来。这些零件都是拿钱买来的。你们从来不把地上的螺帽、螺栓捡起来，这就等于把钱扔出去了。不错，昨天，我是把钱扔了出去，可是你们每天浪费的材料与零件和那些一毛钱硬币一样，都是'真正'的钱！事实上，在通货膨胀这么严重的今天，那些零件一天比一天有价值！"从此工人们再也不乱丢零件了，即使别人丢了，也会主动拾起来。

制造厂老板看到工人们乱丢零件的错误行为，他并没有直接提出批评。

为了使工人们更为深刻地认识到自己错误行为的危害性本质，老板故作反常之举，开始“大方”地在厂房中抛洒硬币，此举果然引起了工人们的好奇和不解。针对工人们的疑惑，老板揭示了自己反常之举的真正用意，指出他们乱丢零件的行为实际上与乱丢金钱具有相同的本质。工人们经过这一堂形象生动的批评教育课，终于改正了不良的习惯。

在批评别人时，间接委婉是一种策略，即在讲话时不直述其本意，而是用曲折的方法加以烘托暗示，让他人通过自己的思考得出结果，从中揣摩出深刻的道理。

有个宾馆的服务员捡到一块名牌手表，拒不缴公——她自认为这样做并不犯法。这件事情让酒店管理员知道了，就过来问她：“请你帮我弄清一个概念，什么是‘不劳而获’呢？”服务员觉得很奇怪，就说道：“您难道连这个都不懂啊？它不就是说一个人不经过劳动，就占有劳动果实吗？”

接着，管理员又问道：“那么，拾到别人的东西据为己有，是不是‘不劳而获’呢？”

女服务员听到这些，无言以对，把手表递到了管理员的手中。管理员接着教育他的下属，拾物不缴公虽然不构成犯法，但却违反了社会公德，而作为一个服务人员，是不应违反社会公德的。

管理员正是通过巧妙的暗示的方法，对犯错误的服务员进行了教育，并且，这个教育恰到好处，既让服务员改正了错误，也保全了她的尊严。因此，在我们试图使别人改正错误时，不妨使用一下这种暗示的方式，只要使用得巧妙，就会取得事半功倍的效果。

很多时候，正面的批评往往会使人产生逆反心理。这时，不妨独辟蹊径，换个方法来劝说，从侧面打开缺口，把批评的意思暗含在谈话或行动之中，让被批评者自己去理解、接受。

纽约一家大百货公司的老板弗兰克，平时就很喜欢采用间接委婉的批评方式对犯错误的员工进行教育，并且，总能起到很好的作用。

为了很好地掌握自己公司的动态，弗兰克每天都会去百货公司“巡视”一次。有一回，他一走进公司，就看到一位女顾客站在橱柜前四处张望，却没有一个营业员主动上前提供服务。弗兰克觉得奇怪，向四周一看——原来她们都凑在一个角落处，嘻嘻哈哈地在开玩笑。

弗兰克并没有生气，也没有当即教训她们。他快步走到那位女顾客面前，微笑着为她介绍起她所看中的商品的特性，然后把她挑选好的商品交给营业员包装，接着，一言不发地离开了。营业员看到这种情景，都非常惭愧，马上各就各职。

从上边的例子中，我们可以看到，弗兰克这种以自身行为为榜样，而不进行语言批评的教育方式，比任何谆谆教导都更具有震慑力。

因此，如果你想使自己的批评收到自己所期望的效果，首先就得让对方把你的建议听进心里去。而那种不顾对方的感受，任由自己一吐为快的批评方式，是很难达到这一目的的。因此，运用间接委婉的方法批评对方，既可以照顾到对方的自尊心，为对方留足面子，又可以达到批评的目的。

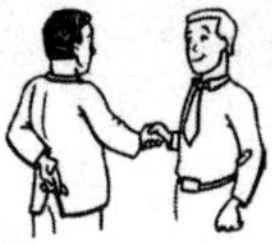

不要走入批评的误区

对于领导者来说，批评是一项比较难以掌握的口才艺术。批评好像是在别人的身上动手术，稍一疏忽，就会伤人。因此，为了收到比较好的批评效果，领导者在批评下属时一定要小心谨慎。实践中会有很多误区存在，形成这些误区，既是对被批评的下属的不公正，也从侧面暴露出领导者的人格素质和职务素质的低水平。以下是批评艺术的几个误区，领导者应该戒之。

1.切忌恶语伤人

每个人都有自尊心，领导者批评下属同样应在平等的基础上进行，态度上的严厉不等于言语上的恶毒，切记只有无能的领导才去揭人疮疤。因为这种做法除了让人勾起一些不愉快的回忆，于事无补，而且除了使被批评者寒心外，旁观的人也一定不会舒服。同时，恰当的批评语言，还透示出了一个领导的心胸和修养。所以，批评下属时绝不可恶语相向，不分轻重。

2.切忌揭人老底

批评要及时，要针对目前发生的问题加以指正，尽量不要提及过去的问题。有些人在批评时为了加强说服力，或为了证明对方目前的做法是错误的，便把心中积存的有关问题，悉数抖搂出来，将它们扯在一起翻老账，这样往往触动了别人最敏感的神经，让对方感到你一直暗地里注意收集他的问题，一起同他算总账，从而引起反感，产生对立情绪。此外不要以事论人，搞全盘否定，用“我算看透你了”，“不可救药……你总是”，“你从来”，“你根本”等来否定对方。

3.切忌以势压人

批评他人要在平等的气氛中进行，批评才容易被接受。在批评中，无论是批评者还是被批评者，他们在人格上是平等的。如果批评者摆出一副居高临下、盛气凌人的姿态，说不服就压服，动不动就说："就这么办了。"或采用一些"必须……否则……"等词语，会令对方产生逆反心理。对方就会想："凭什么要听你的。"结果出现了对立，逼而不从，压而不服，激起反抗情绪。此外，还要注意不要羞辱对方，批评是对事不对人，不要搞人身攻击，不能把批评作为泄私愤的手段。

4.切忌责骂

责骂，这是最直接的批评方式，同样地，也是最愚蠢的。一些领导者以为自己能够位高于数十人以上，乃无上权威的事，拍案叫骂更是威风八面，眼看下属跟自己谈话时态度战战兢兢，心中更感得意。有句谚语是"当面怕你的人，背后一定恨你"，骂尽管骂，他们暗地里可能为了报复而干着对公司不利的事，心地善良的下属则另谋去路，公司的员工很少干得长久，人才也难以培养。

5.切忌喋喋不休，没完没了

有效的批评往往能一针见血地指出问题的实质，使下属心悦诚服，而絮絮叨叨的指责却会增加下属的逆反心理，而且即使他能接受，也会因为你缺乏重点的语言而抓不住错误的症结。所以，如果下属能自我反省，承认错误，就不应太过苛求。

6.切忌讽刺

运用讽刺在上级和下属之间是很容易出毛病的，所以，若没有十分把握，最好不要冒险。尤其是不要作遭人反感的讽刺。比如，有的领导看到下属因工作不顺利而志气消沉时，会半带揶揄地说："这么优秀的人才，也会有失败的时候啊。"或者说："为什么这么沮丧，失恋了吗？"听到这种话，有的人可能会付诸一笑。但较敏感的人就会说：“别讽刺人好不好？”即使当面不说什么，心里也很反感。所以，讽刺是不能随便用的。口齿伶俐的领导尤其要注意，不要光顾卖弄口才，反而把下属给得罪了。

7.切忌就人论事

虽然错误与犯错误的人密不可分，但对事不对人的批评，才更容易为对方所接受。批评下属时，要对事不对人。“事”指具体的行为、事件，“人”指事件所涉及的自然人以及人的人格、个性等因素。谁都会做错事，做错了事，并不代表他这个人如何如何。批评时，一定要针对事情本身，不要针对人。因为错的只是行为本身，而不是某个人。例如，有的教师在批评学生时，常常不能理智地分析问题，不能对学生“就事论事”，而习惯于“就人论事”，如：“你怎么这么笨，连这么简单的题都不会做！”“这个学生品质恶劣，竟然敢顶撞老师！”等等。其实，脑子笨与不会做简单题没有联系，顶撞老师也不见得品质就一定恶劣，这是两码事情，二者之间没有必然联系，不能硬扯在一起。所以，批评下属时要客观地分析问题，实事求是，就事论事，要让下属明白他是因什么事情做错了而受到批评的，避免“就人论事”的现象出现。

给下属留面子，让批评“软着陆”

有句话说得好：人活一张脸，树活一张皮。在人的一生中，最放不下的要算面子问题。因此，在批评别人时，一定要考虑到对方的尊严，照顾好对方的面子，这样才能使批评更有效。

查尔斯·施瓦布一天中午路过他的一个炼钢车间，发现有几个人在抽烟，而就在他们的头上，挂着一块写有“禁止吸烟”字样的牌子，这位老板怎么教训他的伙计们呢？痛斥一顿吗？拍着牌子说：“你们不识字吗？”不，都不是。老板深谙批评之道，他走到这些人跟前，递给每人一支雪茄，说：“年轻人，如果你们愿意到外边去吸烟，我将非常感谢。”胆战心惊的工人们心里有数，头儿知道他们坏了规矩，但他什么也没有说。相反送给每人一件小礼物，他们感到了自己的重要，保住了自己的面子甚至感到很不错，也因此而更加敬重自己的上司，这样的头儿谁会不喜欢呢？

顾全下属的面子，特别是在批评时，这是多么至关重要，可惜的是并不是所有的领导者在谈话中批评下属时曾考虑过这些！为了自己的目的和权威，横暴地对待下属的感情，挑剔、恐吓自己的手下而从未想到这会伤害他们的自尊心，更会损坏领导者自己的形象。

有一次某大型钢铁集团电工在处理电器线路时，遇到了技术上的问题，结果比原计划迟了十分钟才修好，惹得那个领导很不高兴？对着辛辛苦苦、加班加点连续工作了近13个小时的电工大声吼道：“你们都是一群猪，只知道拿钱不会干活的猪！为了惩罚你们的失误，我要让你们电工组全体人员和钳工组集体对换。”

隔行如隔山，电工和钳工是两个专业性很强的工种，让他们对换，简直是胡闹。这样不仅不利于企业生产，而且还会使企业陷入瘫痪状态，直至关门倒闭。面对这样近似荒唐的做法，几个副职和电工、钳工班的班长，希望那个领导收回成命，结果吃了闭门羹：“难道我一个堂堂的领导，说话就不算数了吗？难道你们不把我放在眼里，想造反吗？

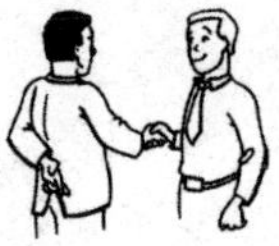

不想干，都给老子滚蛋。”

工作中，下属可能会有意无意地犯错，使领导者不得不对其进行批评，但是必须注意应该就事论事，避免伤害到其个人的信心，不能侮辱下属的人格，更不能使用污秽难堪的字眼。人人都有自尊心，即使犯了错的人也是如此。领导者在批评时要顾及下属的情感，切不可随便加以伤害。否则，不仅达不到惩前毖后的效果，反而会为自己无故树敌，增加工作阻力。

在一所高等职业学校里，一位学生因非法停车而堵住了学院的一个入口。这时一位老师冲进教室，当着众多同学的面，以非常凶悍的口吻问道：“是谁的车堵住了车道？”

当车主回答后，那位老师吼道：“你马上给我开走，否则我就把它绑上铁链拖走。”

这位学生是错了，车子不应该停在那儿。但从那天起，不只这位学生对那位老师看不惯，全班的学生都与他过不去，在他讲课的时候，他们故意大声聊天、说笑，根本无视他的存在。他的工作变得越来越不愉快，过不久只好申请调走了。

这位老师原本可以用友善的方式解决这个问题，比如建议说：“如果把它开走，那别的车就可以进出了。”这位学生一定会很乐意听从他的建议。但是，他也许在潜意识中认为他有权无视别人的感受，结果他采用最愚蠢的方式：讽刺和威胁。这样，既伤害了别人，也伤害了自己。

有时候，人难免因一时糊涂做一些不适当、错误的事，遇到这种情况，就需要把握住指责别人的分寸：既要指出对方的错误，又要保留对方的面子。这种情况下，如果分寸不适当，或者会使对方很难堪，破坏了交往的气氛和基础，可能因此带来一系列严重的后果；或者让对方占便宜的愿望得逞，给自己带来不必要的损失。

自尊心人人皆有，任何人都没有权利去贬抑或伤害他人的自尊，保住他人的面子，在有些情况下是非常重要的。特别是当他人有错误或失误时，给人一个台阶，为他人保留面子，对人对己都是有好处的。

一次，英国首相丘吉尔和夫人克莱门蒂娜一同出席某要人举行的晚宴。席间，一位著名的外国外交官将一只自己很喜欢的小银盘偷偷塞入怀里，但他这个小小的举动却被细心的女主人发现了。她很着急，因为那只小银盘是她心爱的一套古董中的一部分，对她来说意义非常重大。怎么办？女主人灵机一动，想到求助于丘吉尔夫人把银盘“夺”回来。于是，她把这件事告诉了克莱门蒂娜。

丘吉尔夫人略加思索，向丈夫耳语一番。只见丘吉尔微笑着点点头，随即用餐巾作掩护，也“窃取”了一只同样的小银盘，然后走近那位外交官，很神秘地掏出口袋里的小银盘说：“我也拿了一只同样的小银盘，不过我们的衣服已经被弄脏了，所以应该把它放回去。”外交官对此话表示完全赞同，两人将盘子放回桌上，于是小银盘物归原主。

心理学的研究表明，谁都不愿把自己的错处或隐私在公众面前曝光，一旦被人曝光，就会感到难堪或恼怒。因此，在交际中，如果不是为了某种特殊需要，一般应尽量避免触及对方的敏感区，避免让对方当众出丑。必要时可委婉地暗示对方已知道他的错处或隐私，便可造成一种对他的压力。但不可过分，只需“点到为止”。

其实，许多时候批评的效果往往并不在于言语的尖刻而在于形式的巧妙，正如一片药加上一层糖衣，不但可以减轻吃药者的痛苦，而且使人很愿意接受。批评也一样，如果我们能在必要的时候给其加上一层“外衣”，也同样可以达到“甜口良药也治病”的目的。

法国飞行先锋和作家安托·德·圣苏荷依说过：“我没有权力去做或说任何事以贬抑一个人的自尊。重要的并非我觉得他怎样，而是他觉得自己如何，伤害他人的自尊是一种罪行。”保护下属的自尊心，这是很重要的。当领导者需要批评或惩戒他人时，应该记住这一点。批评下属也是一门学问，如何对待犯错误的下属，是领导者必须谨慎对待的一个大问题。

第六章 说服有方，和下属说话要有说服力

动之以情，方能晓之以理

《孙子兵法》说：“攻城为下，攻心为上。”这是一切兵法的核心思想，也是一条历练口才的至高无上的原则。一位西方宣传理论家指出：单靠理性论据去说服人，过程太长而且往往还靠不住。应该首先对情感发生影响。说服别人动摇、改变、放弃己见或信服、同意、采纳你的主张，实质上是一场从精神上征服人心的战斗，但又不能使对方有丝毫被迫接受的感觉。

对于说服别人，在很大程度上，可以说就是情感的征服。只有善于运用情感技巧，动之以情，以情感人，才能打动人心，以至说服别人。感情是沟通的桥梁，要想说服别人，必须跨越这一座桥，才能到达对方的心理堡垒，征服别人。在劝说别人时，应推心置腹，动之以情，讲明利害关系，使对方感到你的劝告并不抱有任何个人目的，没有丝毫不良企图，而是真心实意地帮助被劝导者，为他的切身利益着想。

郭沫若先生在1962年曾游览普陀山。在游览途中捡到一本笔记本、扉页上写着一副对联：“年年失望年年望，处处难寻处处寻”，横批：“春在哪里”。再翻一页，竟是一首绝命诗，并署着当天的日子。郭老担心出事，心焦如焚地四处寻找失主，终于找到了一位神色黯然的姑娘。原来她考大学连续三年名落孙山，生活上又遭受挫折，感到悲观失望，准备魂归普陀。郭老先是称赞对联有文采，接着微笑着问：“我替你改一改，你看如何？”然后深情地吟道：“年年失望年年望，事事难成事事成，横批是‘春在心中’。”听了郭老所改的对联，姑娘体会到长辈的关怀，终于向郭老倾吐了心中的郁闷。郭老邀她同游普陀，边走边热情地与她交谈。当姑娘知道面前这位循循善诱的长者就是一代宗师郭沫若时，万分惊喜与感激，吟诗谢恩师指点迷津，而后又重新鼓起了生活的勇气。这段佳话也给我们指出一个说服别人的方法。那就是以情感人的方法。特别是这样一位绝望的女子，她之所以绝望，就是感到天地之间没有真情，只有冷酷。因此感到没有什么可留恋的，于是萌生了轻生之心。现在从周围人们的关怀中感受到了“人间自有真情在”，当然就会萌生对生活、对世界的爱，鼓起重新生活的勇气。

唐代诗人白居易说道：“感人心者，莫先乎情。”感情是打动听众的有力武器。说理可以服人，诉情可以感人。富有感染性的语言，必是能引人入胜的。

现代研究证实，人的言行是由感情决定的，情感的号召力往往比理性的号召力大。在日常生活中，需要说服的情形很多：无论是在失意或在反抗的时候，在需要金钱或支持的时候，为了让对方和你的想法同步，你常常要借助情感打动对方。

某单位新来一名大学生，总是独来独往，终日不见一丝笑容，不主动跟人说话，显得架子挺大。同事们都有意疏远他。而那位大学毕业生却依然如故，我行我素。这一切都被主管看在眼里。作为一名富有经验的领导，这位主管凭直觉认为这位新同事心里肯定有难言之隐。基于此种判断，主管便处处留意观察，并利用一切机会接近他。每天上班时，主管总是热情招呼他，每次下班，主管也不忘问他一句：“怎么样，晚上有什么活动？”

日子一天天过去，这位主管锲而不舍的行动终于融化了那位新同事，他向主管吐露了自己的苦衷：他刚失恋，痛苦得不能自拔。听完他的倾诉，主管语重心长地开导他说：“生活并没有对你不公，关键是你没有战胜自己的不良心态，失恋对你来说固然是个打击，但一切都可以从头开始呀。难道一辈子躺在这个阴影下面不出来吗？你可以不善待你自己，但你应该善待别人，尤其是你的同事，为什么要把你的不快带给别人呢？”经过主管一番耐心而热情开导，那位大学毕业生终于茅塞顿开，从此解开了缠绕在心头的疙瘩，以崭新的精神面貌投入到工作中，和同事友好相处。

精诚所至，金石为开，这就是以情服人的精髓。说服对方最好方式就是，把话说到对方的心里，调动对方的感情让对方产生共鸣，这就达到了心灵沟通的效果。

俗话说“‘通情’才能‘达理’”，没有心理上的沟通作基础，即使有理，也达不到说服的目的。情至而心动，情至而人服。动之以情，激发众人内心深处的温暖情感，将有助于扭转劣势。

著名的数学家苏步青上小学时，成绩不是很好，年年期末考试都是倒数第一，人称“背榜生”。一次他又逃课了，老师找到了他，说：“你不读书，别人怎会看得起你呢？看不起你的原因，不就因为你是背榜生吗？如果你考前几名呢？你知道牛顿吗？他也成长在农村，到城里念书时成绩也不好，同学都欺负他，瞧不起他，一次，一个成绩名列前茅的同学还故意把他打得趴在地上——他凭什么？不就是成绩比牛顿好、身体比牛顿壮吗？别看平时牛顿不敢惹他，这回可不一样了。只见牛顿猛地翻身跳了起来，将那个打他的同学逼到墙角。那同学一见牛顿如此勇猛，不由害怕了，只得认输，从此再也不敢欺负他了。从这件事，牛顿得到了启发，只要有骨气，肯拼搏，就能取胜。从此他努力学习，终于取得全班第一的好成绩。”老师的话，让苏步青第一次知道了一位大科学家如何克服自身弱点、奋发图强的事迹，这无疑使他心灵受到极大的震动。教师列举的牛顿的典型事例，使苏步青吸取到了前进的力量。从此，他发奋学习，终于使自己的学习成绩得到根本的改变。

苏步青的老师就是以动之以情的方法说服了他，并收到了明显的效果。这对领导者有很大的借鉴作用。

在劝说下属时，领导者应推心置腹，动之以情。白居易曾写过这样两句诗：“功成理定何神速，速在推心置人腹。”千百年过去了，以情来感动对方仍然没有改变。要想说服别人，就要设法动摇对方的心理防线，巧妙刺激对方的感情和情绪。人是有感情的动物，感情的力量往往会超过利益的驱使。

一语中的，说服要抓住关键点

说服下属是一门技术，也是一门艺术。说服固然要以正确的思想为前提，但技巧也是极其重要的。在说服下属的过程中，领导者如果不注意语言的技巧，一味地反复说理，只会引起下属的反感。这时，你不妨先理清思路，找到你的说服关键，在说服的过程中用简洁有力的语言向对方陈述你的观点，一语中的地让对方明白你的话语，从而达到成功说服的目的。

《左传》上记载有这样一件事：

晋灵公为了享受，大兴土木，建造几层高台，搞得怨声载道。不少大臣直言谏阻。晋灵公不但不听，还张弓搭箭，扬言谁再对此事多言就射死谁。许多人都被他给吓住了。这时，大臣荀息走过来，笑着对晋灵公说：“我愿为大王表演一个小技艺，把12个棋子堆起来，我还能在上面放9个鸡蛋。”晋灵公一听，觉得很惊奇，就放下弓箭，来看荀息的表演。当看到荀息果真把棋子摆起来，又往上面放鸡蛋时，晋灵公十分紧张，不自禁地连声说：“危险！危险！”听了这话，荀息不动声色地说：这还算不了什么，还有比这更危险的呢！”晋灵公听到这话，好奇心更盛，连忙催荀息表演给他看。荀息一见时机成熟，便向晋灵公说道：“这九层高台修了三年还没造成，现在地无人耕，布无人织，国库空虚，一旦外敌入侵，国家很快就要灭亡！大王，还有比这更危险的事吗？”这一番话，说得晋灵公恍然大悟，于是下令停止修造高台。

说服他人并不在于你滔滔不绝，说了多少话，而要看能不能说到点子上，只要一针见血，就能立竿见影，使人口服心服。

语言具有无穷的威力，关键就在于人们是否会使用好它。在说服下属的过程中，只要充分掌握事实，了解了相关情况，抓住要害，开门见山，一语中的，这样，才能成功说服对方。

一名工厂的劳资干部说过这样一件事：

有一次，一位由传达室被精简下车间的女职工闹情绪，说厂长有意整人，还要求厂长立即给她办病休手续，要吃劳保。厂长给她讲道理，她一句也听不进去。这天，她又来找厂长闹，我叫住了他：“大姐，咱姐妹不错，来，到我这儿坐坐，有几句贴心话我想和你唠唠。”

这位女士一落座就如数家珍一般将她的“理”抖落一遍。反正一个意思，叫她下车间是厂长有意整她。等她说完了，我说：“大姐啊，你说厂长整你，我看可能是你多心了。厂长新来乍到，和咱无冤无仇，咋会整你呢？这次精简机关下去20多人，你们传达室也下去了3个人，不只你一个。我看厂长绝不是和哪一个人过不去。要说呢，这些年你在传达室工作轻车熟路，乍一下车间劳动肯定比在传达室要累。可话说回来，累也不是光咱一个。就说新厂长吧，50多岁了，比你还大几岁，不也照样下车间去干活？他图的啥？再一说，精简后，传达室过去5个人现在剩下两个人了，两个人干5个人的活儿，肯定也不像以前那么轻松了。你说是不？咱下到车间后，干活虽然累点，可是多干多得，这不比在传达室里拿那几个死钱强吗？”

我边说边观察她的变化，看到她的脸色不那么阴沉了，犯了思忖，我又继续说道：“大姐啊，你一时生气，要吃劳保可是太不合算呀！你今年48岁，差两岁就该退休了。如果你现在吃劳保，那退休后的工资只能拿70%，你不就吃大亏了？你想想，咱辛辛苦苦干了一辈子，就差这么几天就熬不下来了？常言道，编筐编篓重在收口。我看你不如把这个尾巴续好，给大家留个好念性儿，自己也不吃亏！大姐，你思谋思谋，我说得对不？没想到这话还真管事儿，当下她脸上露出了笑模样。她拉住我激动地说：你算把你傻大姐给说醒了！人在事中迷，就怕没人提。我这最后一步差点迈砸了！我听你的，明天就下车间！”第二天，她当真穿上工作服下了车间。

人在事中迷，就需要有人提，但说理的人一定要弄清对方在事中迷的原因，针对其症结所在，申明利害，以理攻心。这样就能做到一番话说笑了“苦恼人”，甚至在重大的问题上使说理具有一语值千金的价值。

俗话说：“好钢用在刀刃”，说服下属，就要知道对方的“心结”所在，这样才会产生更大的作用和效果。

对于善于运用说服技巧的领导者来说，不是与下属不停地周旋，而是抓住关键，一语中的。这一点如果发挥得淋漓尽致，可以将对方一举说服。

在说服的过程中，要掌握以下几点：

1.要针对性强

这是说一定要找准说服对象的思想症结，对症下药，说到点子上，才能产生显著的说服效果。

2.要直冲要害

这是指说服语言应语句短促，语意明确，语气恳切，旗帜鲜明，一针见血，有响鼓重槌之妙。

3.要有震撼力

通常指涉及到重大原则和立场，特别是对方切身利益等问题的话，一出口必定能给对方重重一击，震撼对方的心灵，促其权衡掂量，分析利弊，最终取其利而从之，做出正确的选择，产生豁然开朗的效果。

总之，说服教育只能在自觉自愿的基础上进行。而心理相容、对症下药的过程，恰恰是启迪和实现这种自觉自愿的过程。领导者不论说什么理，说服什么样的下属，都要依循对方的心理轨迹步步深入，将自己的观点和意图逐渐熔铸在员工的心理。这样，说服才有力量，才能达到目的。

如何说服固执的下属

固执是一个人的性格特点。固执的人喜欢嫉妒多疑、易冲动和诡辩、不轻易接受批评、自我评价过高、缺乏幽默感。这类人通常有坚持已见的强制习惯，如果别人促使他改变这种习惯，就会让他的内心苦恼，产生不舒服、不愉快的情绪，从而诱发他强烈的对抗心理，更加地坚持自我。在职场中，这类人不算少数。因此，领导者要想说服这样的人是一件非常困难的事。

对固执的人首先要找到他固执的原因，这才是关键所在，然后采取正确的方法就可以消除他的对抗心理，较好地说服他。

下面讲几种方法，可以让领导者能够正确地应对固执的下属，达到说服的目的。

1.抓住要害劝阻

有时候，我们的真诚劝阻之所以没有成功，很多情况是因为我们没有抓住对方固执行动所给自己造成的危害。“打蛇打七寸”，抓住对方切身利益的损失，会使他的心弦受到颤动，促使他作深入思考，从而放弃自己消极的、错误的行动。

某剧场门前不许卖瓜子、花生之类的小食品，怕的是污染环境，影响市容。唯有一位年近六旬的老太太可以例外。用剧场管理员的话说就是：“这老太婆年岁大，嘴皮尖，人家叫她铁嘴，不好对付，只好睁只眼闭只眼。”某日，市里要检查卫生，剧场管理员小王要老太婆回避一下，说：“老太太，快把摊子挪走，今天这里不许卖东西。”“往天许卖，今天又不许卖，世道又变了吗？”“世道没有变，检查团要来了。”“检会团来了就不许卖东西？检查团来了还许不许吃饭？”“检查团来了，地皮不干净要罚款的。”小王加重了语气。“地皮不干净关我屁事，他肥肉吃多了拉稀屎，能去罚卖肉的款么？”小王无言以对，悻悻而退。管理自行车的老刘师傅随后走了过来，说道：“老嫂子，你这么一把年纪，没早没晚的，又能挣几个钱呢？检查团来了，真要罚你一笔，你还能打场官司不成？再说，检查团不会天天来，饭可是要天天吃，生意可是要天天做的呐。”“嗯！姜还是老的辣。好，我走，我走。”老太婆边说边笑地把摊子挪走了。

本例中，两种说服方式，一个失败，另一个却成功，这其中很有学问。管理员小王之所以劝阻不成反讨没趣，就因为他只是一味地讲抽象的大道理，却没有站在老太婆的角度上耐心地帮助她分析利弊。而老刘师傅就懂得这一点，他从老太婆的切身利益出发，向她指出了只考虑眼前的小利而不顾长远利益的不良后果，使她真正认识到了自己固执行为的不明智，于是心服口服地接受了规劝。

2. 循循善诱地说服

任何一个人都不愿意轻易改变自己的观点和行为，固执的人更不会随便改变自己的做事风格，如果硬要硬碰硬地说服对方，成功率是比较低的。我们要说服对方不妨采取循循善诱的方式，一步一步地诱导，循序渐进，让对方口服心服。

所谓“循循”，就是指有步骤地、耐心地诱导对方思考；所谓“诱”，就是启发开导；所谓“善”，即是指要“诱”得得当、巧妙，使对方心悦诚服。

1936年，“西安事变”发生以后，杨虎城部队中的一部分军官强烈要求杀掉蒋介石，周恩来同志为了实现我党“和平解决西安事变”的政治主张，达到“逼蒋抗日”的目的，到这些军官中做说服工作。周恩来同志对他们说：“杀他还不容易，一句话就行了。可是杀了他之后怎么办呢？局势会怎么样呢？日本人会怎么样？国家和民族的前途会怎样？各位想过吗？这次捉了蒋介石，不同于十月革命捉住克伦斯基，不同于滑铁卢打败了拿破仑。首者是革命胜利的结果，后者是拿破仑军事失败的悲剧。现在呢？虽然捉住了蒋介石，可并没有消灭他的实力，在全国人民抗日高潮的推动下，加上英美也主张和平解决西安事变，所以逼蒋抗日是可能的。我们要爱国，就要从国家和民族利益考虑，不计较个人的私仇。”

周恩来同志的这段话采用了“循循善诱”的方法。他先用一句话稳住了军官的心，控制了场面；接着连续甩了六个问句，激发引导军官们深思，最后才提出了“逼蒋抗日”的目的和主张。三个层次，一层紧扣一层，一层深似一层，以理诱之，以情导之，终于使这些“一片杀声”的军官心悦诚服。

3.入情入理地说服

固执的人也不是不讲道理，只是因为他们独特的性格特点造成其难以沟通的行为方式。我们只要能解除对方的顽固防御，并准备好充足的论据，理顺自己的逻辑，表达好情理兼备的说话内容，我们就能够打动对方，使对方被说服。

1949年9月，作为当时上海市市长的陈毅同志到北京参加政协会议、开国大典、军委会议等活动。开始，他住在陈设华丽的北京饭店。后来，由于种种原因，他主动让房给也来参加会议的和平起义的原国民党高级将领傅作义先生，自己却住进了设备简陋的小平房，并代表上海市委赠送傅先生两辆名牌小轿车。这件事在他的老部下里引起了强烈的反响，大家又惊又恼，仿佛受到了侮辱，非常想不通。该如何对这些生死与共的战友和部下们讲呢？陈毅同志考虑再三，找到问题的实质是一个共产党人应当以什么样的胸怀来对待周围的人和事。于是，他召集了一个干部会，在会上，他说：“同志们，我的老兄老弟们，要我陈毅怎么讲你们才懂啊！我陈毅不住北京饭店，照样上班，照样‘骂人’！他可不一样了！你们知道不知道，傅先生在电台讲了半个小时话，长沙那边就起义了两个军！为我们减少了很大伤亡。让傅先生住了北京饭店，有了小汽车，他就会感到共产党是真心要朋友的。”他越讲越激动，用指节咚咚地敲着桌子：“我把北京饭店让给你住，再送你十部小汽车，谁能起义两个军？怎么不吭声呢？”停了一会儿，他又心平气和地说：“我们是共产党呀，要有太平洋那样宽广的胸怀和气量嘛，不要长一副周瑜的细肚肠噢！依我看，要想把中国的事情办好，还是那句老话，团结的朋友越多，就越有希望！”

从会场里走出来，同志们感到一身轻松。用他们自己的话讲：“挨了陈爽子的‘熊’，弄清了道理，‘熊’得也舒服！”

陈毅同志直人快语的讲话，为什么能收到如此好的效果呢？这主要是他在讲话中，抓住了中心，针对与自己十分熟悉的老部下们的思想问题，没有去搬弄理论，而是入情入理，紧紧围绕着共产党人要用宽广的胸怀去团结一切可以团结的人这个观点，条分缕析地讲出傅先生对人民有功；共产党人要对他以诚相待；要办好中国的事情，就要团结更多的朋友。他的讲话切中要害，自成条理，有张有弛，既严肃又诙谐，使人听后心悦诚服。

总之，说服固执的人非常讲究技巧，刺激、说理要面面俱到。对领导者来说，说服固执的人光有耐心是不够的还要有足够的机智，逢情说情，逢理说理，还要善于刺激对方，只有把每一个环节做到透彻，才能够让对方心悦诚服。

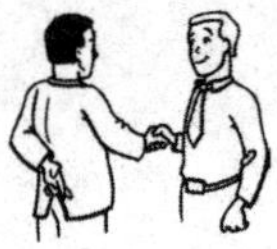

以理服人，让下属心服口服

在劝说下属时，领导者总想让下属听了自己的一番劝解后立刻点头叫好，改弦易辙，并称赞你“一言惊醒梦中人”。事实却并非如此。下属的看法、想法、做法，不是一天形成的。“冰冻三尺，非一日之寒”，因此，领导者要下属改变看法也非一日之功。即使下属当时表示心悦诚服了，回去细想后可能还会固执已见。所以，要想彻底地说服对方，你还要通过事实，把道理讲得更透彻些。

西安事变发生后，周恩来率中共代表团到达西安。当时，东北军内“杀蒋”的呼声甚高，尤其是下级军官更甚，很多东北军军人对我们党提出的不杀蒋、和平解决西安事变的主张不理解，有的还扬言要闹事。

一天上午，周恩来刚回到寓所，一位彪悍的年轻军官闯进来，他操着浓重的东北口音，生硬地说：“周代表，我受王曲军官训练团全体军人委托，敬请您去赴会。”周恩来微笑地接过请帖，欣然同意了这位军官的请求，周恩来说：“非常感谢你们的邀请，届时我一定前往。”见周副主席接受了邀请，大家十分着急。因为王曲军官训练团尽是些血气方刚的青年，鲁莽得很，什么事都干得出来，去那里太危险，有人因此劝周副主席不要去。周副主席微微一笑：“同志们不要担心，我没事的，我是去说服他们，不是和他们去吵架的。”

当周副主席单身一人到王曲军官学校时，只见从学校门口到礼堂间的大道旁，挤满了全副武装的军官，一个个横眉竖目，怒气冲冲，摆出一副吵架寻事的架势，周副主席则从容自若地穿过两旁站满愤怒的军官的通道，面带微笑，丝毫不介意。周恩来登上礼堂讲台，先礼貌地向各位军官表示问候，然后随和地说：“我今天来贵校，是想要听听诸位的意见的，希望大家不要拘束，畅所欲言。天下兴亡，匹夫有责，何况我们是爱国军人！”

台下立刻有人问：“蒋介石丧权辱国，罪大恶极，为什么不杀他？”“不杀蒋介石，为什么又要捉他？”“不杀不足以平民愤。”“不杀蒋介石，后患无穷”……直到大家把话几乎说尽时，周恩来才大声说：“要杀，这有什么困难？一句话就行了。”出乎意料的回答，一下子就把全场的人都怔住了。然后，周恩来给他们简要分析了西安事变以后国内外的政治、军事形势，接着就谈为什么不主张杀蒋的问题，周恩来说：“诸位，在这种形势下，是杀好呢，还是不杀好呢？这要看杀他划算不划算，用你们东北的话说叫作够搂不够搂。够搂我们当然要杀，假如不够搂的话我们杀他干啥呢？比如我们今天杀蒋介石，就会冒出一个何介石、李介石。而这个何介石呀，他一上台就会公开地与日本人勾结在一起，来攻打西安，内战就会继续，中国就会灭亡。但若不杀呢，蒋介石在我们手里，我们就可以逼他抗日。前一回何应钦不是派飞机轰炸西安吗？我们逼蒋介石写个条子，这几天不是很安宁吗？看来蒋介石多少还有点用处，所以杀他不如不杀的够搂！”“哗”地一下全场响起一片掌声。

但还有少数人没有解开心中的疑团，那位邀请周副主席的青年军官问道：“你们共产党一向是主张反蒋抗日的现在为什么又变了？”“你的意思是说我们和蒋介石打了10年仗，势不两立，现在为什么不趁机报仇杀了他是吗？”周副主席温和地说：“对，是这个意思。”那位军官回答。周副主席用深沉的语调说：“我们红军有位将军叫徐海东。他全家360多人，除了他，350多人叫蒋介石杀害了，很惨哪！这个仇够大吧，可这次他还是主张不杀蒋介石，为什么呢？因为他是共产党员，对共产党人来说，民族和国家的利益高于一切。”这时全场的军人都感动了，随后爆发出一阵热烈的经久不息的掌声。

周副主席的话之所以能说服那些义愤填膺的青年军人，关键的一条就是以理服人。

以理服人，既是最基本的、最为广泛使用的说服人的方法，也是说服行为的基本指导原则。要做到这一点，领导者应态度和蔼，对被说服者晓之以理，动之以情，逐步引导他们提高认识，辨清事实真相。当被说服者听不进你的话或思想上一时拐不过弯来时，切不可急躁，而应反复讲明道理，真正做到以理服人。

某企业因经营不善要倒闭，工人将面临失业，不但拿不到遣散费，连欠发的工资也兑现不了。

工人们聚集在领导办公室的门口抗议，要求领导拿出解决的办法来，情绪非常激动。

领导说：“工厂就在你们眼前，你们都看到了。现在把工厂拍卖，也恐怕没有人买。就算能卖掉，也换不了几个钱，如果先还上银行贷款，大家还是分文拿不到。”

怎么办？把领导绑起来？把厂里的产品抢回家？把机器、厂房砸烂还是烧掉，让公安局抓去坐牢？还是冷静善后处理呢？

聪明的领导在一连串的问话后，接着说：“工厂是大家的。人人都是老板。现在我们组成专案委员会，把工厂按比例分给大家，大家都是股东，都是老板。少拿点薪水，努力工作，撑几个月看看。赚了，是大家的。赔了，再关门也不迟。你们想想，现在把工厂砸了，什么也拿不到，不如自己当老板，继续做做看。”

领导在详细地分析了利害关系后，工人想了想，觉得厂长说得有道理，于是听从了领导的劝说，纷纷集资入股重新干了起来。大家都把工厂当作自己的事来做，特别卖力，经过一段时间的经营，工厂居然起死回生，扭亏为盈，不但还上了债务，工人还分到了红利。

上例中的领导的话一句句无不告诉工人们要权衡利弊，哪头划算的问题，所以在经过一番反复的核计，在认为害大于利的前提下，工人们才听从了领导的劝说，一场即将发生的危机就这样平息了。所以关键时刻，话不在多，要说在节骨眼上，这才是最有效的。

在说服对方时，要以理服人，才能让人口服心服。通过摆事实、讲道理，让人信服，使他人赞同自己的观点和主张。可对问题产生的后果及利弊进行分析，然后循循善诱，有理有据，说服对方。这样就能取得对方的信任，达到解决问题的目的。

委婉说服，下属更易接受

进行有效说服的一个较好的策略是采取迂回战术。不从正面入手。直接说服容易让对方产生抵抗心理。因此，不妨从侧面打开缺口。

俄国取得伟大的十月革命胜利之后，农民革命军队攻占了象征沙皇反动统治的皇宫。当时，一些激进的俄国农民们拿着火把叫嚷非要用火烧了这座举世闻名的建筑，将皇宫付之一炬，仿佛只有这样才能化解他们心中的仇恨。一些有知识的革命工作人员都来做劝说工作，但是都没能起到一点儿作用。

列宁知道这件事后，马上赶到了现场。面对那些激愤的农民时，列宁态度十分恳切地说："农民兄弟们，皇宫是可以烧的。但你们在点燃它之前，我有几句话要说，你们看行不行呢？"农民们听了这话，认为列宁并不反对他们烧，于是便答道："行。"列宁问："请问原来是谁住在这座房子里的？""是沙皇统治者。"农民们大声地回答。列宁又问："那它又是谁修建起来的？"农民们坚定地说："是我们人民群众。""那么，既然是我们人民修建的，现在就让我们的人民代表住，你们说，可不可以呀？"农民们十分认同地点点头。列宁再问："那还烧吗？""不烧了！"农民们齐声答道。就这样，列宁一席话让农民放弃了烧皇宫的念头。

看完上面的故事，我们都知道列宁用了迂回说服方法。迂回的说服方法就是先避开与对方的冲突，然后再一点一点地引导对方的思维，改变对方的思维方式，让对方最终接受你的意见和请求。

对领导者来说，采用迂回地方式说服下属，可避免直接的冲撞，减少摩擦，使对方更愿意考虑你的观点，而不被情绪所左右。所以，要想取得理想的说服效果，不仅要真诚相待，还要善于动脑，讲究一点说服的艺术，尤其是当对方固执己见，谁去劝说他都不理不睬，泼水不进的时候，巧妙的办法就是避其锋芒，以迂为直。

有时，迂回可能要多走一些弯路，多废一些唇舌，多耗一些时间，但总比无功折返好。

吴小姐是一家商场的服务员，一天，商场里在搞儿童玩具促销活动，柜台前挤满了顾客，这时一小孩子伸手抓起一件玩具就跑。不一会儿，小孩连同玩具被有关人员带了回来。这时，围上来许多顾客，他们既为小孩担心，又想看看服务员到底如何处理这件事。

小孩拿商场的东西，多半是不懂事，这种情况如果说重了，怕小孩自尊心受不了，周围人也容易打抱不平。不说吧，毕竟商场有规定，而且小孩子养成这样的习惯也不好。

这无疑是个难题，吴小姐思考片刻，面带微笑地走到小孩身边，拉起小孩子的手温和地说："小朋友，你喜欢这件玩具吗？""喜欢。"小孩答。"小朋友自己拿玩具好不好？""不好。"小孩子不好意思地低下头。"对了，以后小朋友喜欢什么玩具就告诉阿姨，阿姨给你拿，好吗？""好。"小孩子高兴地回答，把玩具交给了吴小姐。

这件本来很棘手的事，吴小姐处理得很巧妙、精彩，她用亲切委婉的话语既要回了所丢失的商品，又维护了小孩的自尊心，还不失时机地对孩子进行了一番教育，赢得周围顾客的好评。其实，每个成年人都保持着小孩子的这种心理，听到好听话就高兴，听到批评就不舒服，只不过成年人的情绪不那么外露罢了。所以，在我们说服别人的时候，一定要委婉，避免伤害对方。

北宋知益州的张咏，听说寇准当上了宰相，就对其部下说："寇准奇才，惜学术不足尔。"这句对寇准的评价是非常正确的，因寇准虽然有治国之才能，但不愿学习。

张咏与寇准是相交很深的朋友，他一直想找个机会劝劝寇准多读些书。因为身为宰相，关系到天下的兴衰，理应学问更多些。

恰巧时隔不久，寇准因事来到陕西，刚刚卸任的张咏也从成都来到这里。老友相会，格外高兴。临分手时，寇准问张咏：“何以教准？”张咏对此早有所考虑，正想趁机劝寇准多读书。可是又一琢磨，寇准已是堂堂的宰相，居一人之下，万人之上，怎么好直截了当地说他没学问呢？于是，张咏略微沉吟了一下，慢条斯理地说了一句：“《霍光传》不可不读。”

当时，寇准弄不明白张咏说这话是什么意思，可是老友不愿就此多说一句，说完后就走了。

回到相府，寇准赶紧找出《汉书·霍光传》，他从头仔细阅读，当他读到“光不学无术，谋于大理”时，恍然大悟，自言自语地说：“这大概就是张咏要对我说的话啊！”

原来，当年霍光任大司马、大将军要职，地位相当于宋朝的宰相，他辅佐汉朝立有大功，但是居功自傲，不好学习，不明事理。

寇准是当世“奇才”，然而却不大注重学习，知识面不宽，这就会极大地限制寇准才能的发挥，因此，张咏劝寇准多读书加深学问，既客观又中肯。然而，说得太直，对于刚刚当上宰相的寇准来说，面子上不好看，而且传出去还影响其形象。张咏知道寇准是个聪明人，以一句“《霍光传》不可不读”的赠言让其自悟，何等婉转曲折，而“不学无术”这个连常人都难以接受的批评，通过教读《霍光传》的委婉方式，使当朝宰相也愉快地接受了。

说服他人时，有时候直接的表达未必能收到良好的效果。你如果用一种委婉的暗示法，“话语软则含义深”，巧妙攻击对方的心灵，使他洞察到你话中的言外之意，他便会欣然同意你的请求。这样说话，于人于己，有利而无害，何乐而不为呢？

委婉说服他人，避免的直接的冲突，绕了一个弯后，让人不仅听明白了是怎么回事，最重要的是，人们能愉快地接受。这就要求我们在步入正题前，需要先来点“铺垫”，作些“迂回”，然后再一步一步导入中心，这样才会收到良好的效果。

用事实来说话，事实胜于雄辩

中国有句传统名言：“事实胜于雄辩。”在说服的过程中，有时讲一大堆道理，从抽象到形象，难以达到说服目的，而一旦摆出生动具体的事例，通俗易懂地表达我们的观点，往往能起到事半功倍的效果。

下面请看陈毅同志说服一个私营工商业者的故事。

解放初期的一天，陈毅市长到一家纺织业厂里，他笑着说：“老板，我冒昧来访，欢迎不？”

这位老板正为一件事发愁，便发起牢骚来：“陈市长，今天工会又来要我废除‘抄身制’。不当家不知柴火贵。工人下班有抄身婆搜身，还经常丢纱呢，如果取消抄身制度，纱厂不被偷光才怪呢！”

陈毅品了口茶，不紧不慢地说：“要说办工厂、买机器，我要拜你为师。因我只当过工人，没有经营过工厂嘛！要说管理工人，教育工人，你要向我学习哩！我参加了革命，就一直宣传群众，组织群众，在这方面我可以给你当参谋，还带‘长’呢！你倒是要我这参谋，还是不要？”

经理连声说：“要，要，请您快说。”

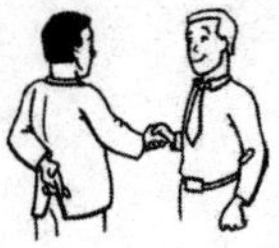

“我在法国当过工人。那个工厂大得很，老板也比你厉害得多。厂子四周筑起高墙，拉上电网，还雇了一大帮带枪的警察，对每个下班的工人，从头搜到脚，那过细的劲头，身上硬是连是一根钉也藏不住。但结果呢？原料、零件还是大量丢失，为什么呢？老板把工人只当成会说话的工具，劳动很重，工资很少，工人实在无法养家糊口，工厂赚了钱对工人毫无好处，他们为什么不拿呢？现在不同！工人翻身当了主人了，他们懂得生产经营搞得好，新中国才能富强起来，工人才能改善待遇。你们虽是私营企业，但也是新民主主义经济的一个组成部分，一样可以有利于国、有利于民。所以，以我之见，你应该在纺织业带头，用我的办法试试看，废除抄身制，关心工人利益，待工人如朋友，如弟兄，有困难多与他们商量着办。我相信眼前的困难会克服的。”

经理听了连连点头：“想想是有些道理。”第二天，他就主动找工会研究，决定废除抄身制。

陈毅同志一番话，使资本家奉若神明的“抄身制”取消了，足见劝说有术，言之有力，这正是以理攻心的威力。

一个典型的事实胜过千万句空洞的说教。用事实来说话，比用口头语言更有说服力。列宁曾经说过：“如果从事实的全部总和，从历史的联系去掌握事实，那么，事实不仅是‘胜于雄辩的东西’，而且是证据确凿的东西。”事实具有不容置疑、无可辩驳的说服力和感染力。用事实说话是直接说服对方的一种方法。领导者想以理服人最重要的一点是摆事实，出言有据，事实确凿，下属的观点就会不攻自破。

有时，当人们担心某事时，如果你不住地劝告，不会有什么效果，人们也未必肯把你的劝慰放在心上。这时，最好的办法也是用事实来说话。你不是担心某事会发生吗？我就让你看到它绝对不会发生。这时，人们会在事实面前放下心来，你也达到了说服的目的。

有家银行发行钞票，发行得好好的，可是有一天，街上忽然传言，说这家银行的钞票不稳。于是，执钞人纷纷到银行挤兑，把银行围了个水泄不通，形势异常严峻。银行的职员们苦口婆心地劝说，并一再保证自己的钞票是坚挺的，但这些人不信，反而认为他们是在狡辩。

这时，银行的老板出来了，看到这种情况，他不慌不忙，镇定自若地吩咐员工，将库存的现银全部搬出来，放在店堂内。并且，他还规定放长兑现时间，并向同业拆借现银。听到这些决策，看着银行内那么多的现银，以及外边一箱一箱朝库里搬运的现银，很多人不再挤兑了。结果，只有少数人仍要兑现，大多数人把钞票又带回了家。一场挤兑风潮就此烟消云散，而该银行的信用也因此更高了。

在这里，银行老板就是用事实来说服了那些执钞人。银行里堆这么多的现银，并且外边还不住地往里边运，这充分证明了银行的实力，而不稳之说也不攻自破了。而如果银行老板也像职员一样，只是一味地劝说，执钞人是不会相信的。老板的聪明之处就在于，他用事实消除了这些人的担心。

挪威谚语："即使千言万语，也比不上一桩事实留下的印象深刻。"用事实说话，可以使说服更加有力。因为事实本身可以使你言重如山，取信于人。

用事实说话，就要掌握语言表达技巧操作要领：你的观点是否可信，在于你的证据是否可信，你的论证是否符合逻辑。这需要你列举出一些有说服力的证据，通过论证的方式，将各种方案的优劣、长短逐一比较分析，并从中优选出最佳的方案来。

摆事实，讲道理，这是说服他人最有效的方法。

1938年3月11日，希特勒的军队入侵并占领了奥地利，犹太人受到迫害。为躲避这场浩劫，很多犹太人都纷纷出国。著名心理学家、精神分析学说创始人弗洛伊德是犹太人，他的朋友琼斯劝说他赶快出国避难，但弗洛伊德不同意。他认为，这个时候出国避难与从战场上逃走的士兵没有什么两样。琼斯这个时候并没向弗洛伊德说一些空洞的大道理，也没有批评他迂腐、固执，这样只会引起弗洛伊德的反感，达不到说服的目的。于是琼斯就举了一个泰坦尼克的例子。琼斯说：“教授，您听过这样一个故事吗？当泰坦尼克号客轮的锅炉爆炸的时候，有一名船员被气浪掀到了海上。后来有人问他：‘你是什么时候离开轮船的？’他自豪地说：‘我从来没有离开过轮船，是轮船离开了我。’”弗洛伊德心领神会，笑着对琼斯说：“让我再考虑一下吧。谢谢你，亲爱的朋友。”随后，弗洛伊德做出了决定，出国避难。

想说服他人，就要用事实说话，才能让那些不信服的人彻底地相信你。人们常说摆事实讲道理。事实是道理的依据，也是促使整个说理生动有力的媒介。很多时候道理讲多了，并不见得有说服力，而摆出一两个与所说之理相适应的鲜明而具体的事实却有难以辩驳的说服力。说服别人，要记住用事实说话。

好故事最具有说服力

以讲故事作类比的方式劝阻以讲故事的方式劝阻他人是一种常见的劝

阻技巧，这种技巧使劝阻行为变得含蓄生动，使我们不用再浪费太多的口舌就能够让对方明白较为复杂的道理。在使用此技巧时，一定要注意遴选恰当的事例，使故事主角所处的环境和所遭受的不幸能够与对方产生明显的对应关系，这样才能够启发对方，使其吸取教训，对自己类似的行动计划产生警醒。

战国时期，齐、楚、燕、秦、韩、赵、魏七国被称为“战国七雄”。“七雄”中，以秦国实力最强。

有一次，燕国与赵国因边界问题发生冲突。赵国想出兵征讨燕国。当时正在燕国做官的苏代听到这一消息后求见燕王，请求到赵国去说服赵惠王，化解矛盾，求得和平。燕王同意了苏代的请求。

苏代很快来到了赵国。赵惠王知道苏代是来游说的，本不想见他，后来经过大臣的一番工作，还是接见了他。

苏代见了赵王，首先表示了自己的敬意，但他绝口不提燕赵间的边界问题，而是与赵王闲聊。他对赵王说：“大王，我来贵国的途中，曾见到一件有趣的事，不知您愿不愿意听？”

赵王很有些好奇，便笑了笑说：“先生都认为有趣，那肯定是有趣的，不妨讲一讲呀！”

于是苏代就慢慢地讲起来：“我来时，经过易水边，见沙滩上一只大蚌正在晒太阳，它把那两只贝壳缓缓地张开。没想到的是，它身旁正有一只鹬鸟偷偷地注视着，见这机会，赶忙将它那又长又尖的嘴啄了进去。说时迟，那时快，大蚌急忙收紧贝壳，一下子就钳住了鹬鸟的长嘴。鹬鸟迅速地将嘴往外拔，但无论怎么用力，大蚌都紧紧地夹住。鹬鸟生气了，它对大蚌说：‘今天不下雨，明天不下雨，马上就会有死蚌哟！’

大蚌也毫不示弱，也说道：‘今天不让你的嘴出来，明天还不让出来，很快就会有死鹬啊！’”

蚌与鹬僵持着，谁也不让谁。这时正巧来了位渔翁，他见鹬不飞，蚌不动，高兴极了，随手就把它们逮起来，放在了自己的鱼篓里了。”

赵惠王听得津津有味，他好奇地问道：“先生不简单呀，怎么能听懂这些动物的语言呢！”

苏代微微一笑，马上把话题一转，意味深长地叹了口气说：“大王呀，现在贵国与燕国的形势也与这很相似啊！我担心双方僵持起来，只会有利于秦国。秦国会不费力气地坐收渔翁之利，大王可要三思啊！”

听到这里，赵王才明白苏代讲这个故事的真实意图。他点了点头，答应再认真考虑考虑，最后放弃了进攻燕国的打算。

由此可见，一个生动的故事可以产生出巨大的说服力。在进行说服时，我们应该懂得多使用故事来帮助我们达到说服的目的。

故事讲得好，是说服他人接受自己观点的有力工具。主观色彩浓厚的言辞，往往流于极端而缺乏说服力，而罗列数据，往往让人左耳进右耳出，但是，如果把得当的言辞和翔实的数据融入精心挑选的故事，那就可以直指人心。

一位著名的专业推销员遇到这样一位顾客，无论怎么说，他就是只愿意投保一份小额的保险，不愿意投保一份大额的保险。于是推销员就给他讲了这样一个故事：

在很久很久以前，在沙漠中，有三个旅行人，忽然之间，从天空传来了声音：“停下来吧，从你们的骆驼上下来，在地上拾起一些石块，然后继续走你们的旅程。”三个人很疑惑，就照着指示去做，而那声音继续说：“在天亮的时候，你们三个人，又会高兴，又会后悔。”而在天亮时，他们伸手进口袋，发觉那些石块变成钻石了，他们真是又高兴又后悔，高兴的是石头变成钻石，后悔的则是没有多拿一点。

人寿保险就是这样，当您和您的家人在需要它的时候，您家人会又高兴又后悔，高兴买了保险，后悔的是没有多买一点保险。

这个故事还没有结束，这三个旅行者，其中一个人有点小聪明，他就是不肯拿；第二个人想，还是拿一点吧；第三个人则是大智若愚，把全部石头都搬了。而到了天亮时，第一个当然呜呼哀哉；第二个真是又高兴又后悔；最后第三个则一切都美满了，从此过着又快乐又幸福的日子。

最后问：“顾客先生，您要选择做那一种人呢？”

他当然是买更大额保险了。

故事的说服力量是奇妙无穷的。如果你是一个讲故事的高手，从某种意义上说，你也是个说服高手，至少是潜在的。

通常，一些好的故事都有一个好的寓意。在说服对方的过程中，适当穿插一个小故事，能让对方在了解别人故事的同时，自己也受到感触，或者给自己敲一个警钟，或者会明白什么道理。说服也自然是水到渠成的事情了。

美国的《独立宣言》脍炙人口，它与独立战争一样，永载史册。它字字珠玑广为流传，对推动美国的革命起到了巨大的作用。关于它有一段不为人知的故事：

《独立宣言》出于才华横溢的杰弗逊之手。杰弗逊对自己的文笔颇为自负，认为自己写出来的东西无可挑剔，往往动一字就像割掉他身上的一块肉一样。

富兰克林是起草这个文件的负责人，他是杰弗逊的密友。富兰克林非常熟悉杰弗逊的性情，一方面觉得《独立宣言》的草稿必须修改，一方面怕惹起杰弗逊的不愉快。于是，他巧妙地向杰弗逊讲述了一个故事：

有一个青年人开了一家帽店，他拟了一块招牌，上面写着“约翰·汤姆森帽店，制作和现金出售各式礼帽”，还在招牌下面画了一顶帽子。他觉得这块招牌很醒目，洋洋得意地等着朋友们的赞赏。但是，朋友们却不以为然。一个人说“帽店”一词与后面的“出售各种礼帽”语义重复，可以删去。第二个朋友认为“制作”一词可以省略，因为只要帽子式样称心、价格公道、质量上乘，顾客自然会买，至于是谁制作的，他们并不关心。再说，约翰又不是负有盛名的制帽匠，人们更不会注意。第三个朋友认为：“现金”两字纯属多余，因为一般到商店购物，都是用现金购物的。经过几次修改，招牌只剩下“约翰·汤姆森，出售各式礼帽”的字样和那顶礼帽的图案了。尽管这样，还有一个朋友不满意，他认为帽子决不会白送，“出售”二字可以删去，还有“各式礼帽”与图案也重复了，可以不要。经过删改，只省下了“约翰·汤姆森”的名字和那个图案了。几经修改，招牌变得十分简洁明了，因而也就更加醒目。年轻的帽店店主非常感激朋友们的宝贵意见。

杰弗逊听了这则故事，感觉到稿子是修改出来的，因此广泛听取公众的建议，把《独立宣言》修改得好上加好。18世纪70年代初，北美的13个殖民地的代表聚集一堂，通过了这个《独立宣言》，一场伟大的独立战争开始了……

富兰克林采取讲故事的方式，娓娓道来，圆满地说服了杰弗逊，令人拍案叫绝。从这层意义上说，《独立宣言》是杰弗逊的杰作，也是富兰克林的成果。

要想说服一个人是很难的，每个人都习惯于坚持自己的意见和主张，对于那些自信、自负的人，对于那些冥顽不化的人，更是如此。但是，在很多时候、很多的场合下，又必须要说服他。为了让人心悦诚服，于是，在说服对方时，人们便不得不积极寻求技巧，讲故事就不约而同地受到说服者的钟爱。

通过讲故事说服别人，是一种技巧。我们都是听着故事长大的，这是很简单的道理。在说服的过程中，与空洞的说教、令人生厌的大量数据相比，讲故事更能赢得他人的认可，起到事半功倍的效果。

第七章 融洽关系，处理矛盾的语言技巧

化解员工之间的冲突

所谓员工之间的冲突，是指员工队伍中人与人之间矛盾和纠纷的表面化，是偶然发生的、不利于团结的、具有一定消极影响的不协调事件。这一类事件主要是因为少数员工人际沟通有困难、自控能力不强、情绪不稳定或者是明辨是非能力弱造成的，若不能得到及时妥善处理，就容易造成不良的后果。因此，善于调解矛盾是领导者必备的基本功。

几天前，销售员阿莎说：“我与小陈在店面吵架了……都是小陈不对……”小陈是另一个部门的销售员。她俩素来不和，但没想到在店面能吵起来。主管赶忙打断了她的话，问：“店面有没有员工？”阿莎说：“有三个员工在场。”主管当时火就上来，但考虑到阿莎自己主动前来承认，所以主管尽量压住火气。自己主动承认错误，这是公司文化所倡导和要求的；若被动查出来则加重处理。主管压压了火，又问：“当时，店面有顾客吗？”阿莎道：“就有一个顾客……”主管实在压不住火了，跟文员说：“把小陈叫到会议室！”

主管知道这是个很好的教育她俩及全体员工的机会，一定要把这个文章做大，让每一个人都知道公司在处理员工矛盾的态度。

在会议室里，经询问落实事实，主管火气终于爆发出来了：“我不管你们两个之间有什么矛盾，也不管你们的矛盾僵化到什么程度，哪怕你们两个找个没人的地方单挑，我都可以不管。但你们两人的矛盾居然在店面里宣泄，而且居然当着员工与顾客的面吵起来！你们整天口口声声地说员工是我们的财富，顾客是我们的上帝，但你们做到了吗？本来主管是代表公司给大家做榜样的，这倒好，做了负面榜样！员工怎么看咱们这个公司？顾客怎么看咱们这个品牌……”

这时阿莎眼里的泪水流下来，哽咽地说：“但是我是被动的，我是冤枉的，本来我……”小陈也争辩道：“你冤枉？我还冤枉呢，今天我好好地待在店里……”主管火气更大了：“你们两个人的是是非非不在我考虑范围内的，我辨别不清，也管不了个人恩怨，但我只有一个原则，要么你们自行和解，要么都离开公司！”

后来，经与人力资源部商量，做出最终决定：每人大额负激励；限期一周内，阿莎与小陈要么两人自行和解，要么两人离职；同时将此事件在公司内部形成处理决定予以公示，以儆效尤。

后来，这两个销售员都没有互相低头，都不示弱，不能和解。于是两个人都离开了公司。这件事在公司内部引起了很大的轰动，因为大家都知道这两个人都是主管比较看好的有能力的销售员，在公司也立下了汗马功劳。本来都以为只不过是吓唬吓唬她们而已，没想到真的让她们离职。

俗话说：“清官难断家务事。”作为领导者，我们常会遇到员工因为工作或者其他方面的问题而发生矛盾，轻者发生口角，重者会动用拳脚，甚至有的会给双方造成伤害。遇到员工之间发生矛盾，我们做领导的，尤其是直接主管领导应该怎么处理这类问题？找当事人来对质？结果却是公说公有理，婆说婆有理，最后如同抱薪救火，员工的火气随着对质的过程越燃越旺。我们相信真相只有一个，但是它却有两面。所以在遇到问题时可以试着不去执着于评判谁对谁错，而是用适当的办法将矛盾化解于无形，从根本上消除矛盾产生的可能。

武则天在位时，狄仁杰和娄师德同朝为相，二人是武则天的左膀右臂，深得武则天的重用。可是二人宿有矛盾，在武皇面前倒还和气，一下了朝就仿佛仇家，常有冲突。武则天看在眼里，急在心里。的确，这个问题要是解决不好，自己的左右手打起架来，整个朝廷会因此乱了套。朝廷瘫痪了，还怎么治理国家啊！武则天心里虽然急，可是并没有让自己一下子陷入二人的具体矛盾之中，而是超然物外，从不评论谁是谁非，暗自琢磨矛盾产生的原因。后来武则天发现，问题的症结在于狄仁杰太恃才傲物，根本看不起娄师德，总是想方设法地排斥他。娄师德虽多番忍让，旁人都替他打抱不平，他自己心里自然也是打着结，通畅不了。

一天，武则天把狄仁杰找来，问他："朕很重用你，任你为相，你知道是为什么吗？"狄仁杰不以为然地说："我是以自己的能力和学识来晋取官爵的，不像有的人是依靠阿谀奉承而当官的！"武则天微微一笑，说："可是朕原来也不了解你的德行和才识啊！你之所以官至宰相，是因为有人向我大力推荐你。"狄仁杰很奇怪，说道："我从来没听说过这件事，不知道是在下的哪位好友如此看中臣，我一定要好好谢谢他，以报知遇之恩！""当初是娄师德多次向朕鼎力推荐，说你学识渊博，才思敏捷，刚正不阿，堪担大任，是个不可多得的人才，朕这才下定决心委你重任的，娄师德不愧是朕的伯乐啊！"说完，武则天命令左右拿来放大臣们奏折的箱子，从里面找出了十几本娄师德推荐狄仁杰的奏折给狄仁杰看。

狄仁杰一一仔细阅读，不禁汗颜。他很后悔自己刚才恃才傲物而说的话，为自己以前对娄师德怀有成见感到非常内疚，一时不知如何是好。武则天从他的表情中，已看出他惭愧的心思，知道自己的目的达到了，不禁会心一笑。此后，狄仁杰见了人就常说："没想到娄师德不但不念旧隙，反而推荐我为官，从未对我透露过一点不满，以前都是我太目中无人了！没有他，我也不会这么快就得到施展才能的机会，说起来他应该是我的恩人啊，没有他这个伯乐，再好的马也只是用来驮货而已！"这些话传到娄师德那里，从前的委屈也都全没了，气也就自然通顺了。从此两人齐心协力，共同为朝廷出力，为一代圣朝立下了汗马功劳。

面对员工之间的矛盾与冲突，作为领导者应该坦然视之，做好中间调和人，去化解员工之间的冲突。领导者如果能妥善处理这些矛盾，就会在员工中树起威信，与员工建立起和谐融洽的关系。

在化解与员工的矛盾时，基层管理者可以从以下几方面入手：

1.弄清楚事情的真相

员工之间的冲突许多是没有预兆的，是领导者意料之外的，当事件发生后，领导者往往是心中无数，如果贸然处理，很有可能产生偏差，把矛盾进一步恶化。因此，要在稳定住双方情绪的前提下，通过调查了解事件的真相，与双方当事人谈心沟通，弄清楚发生冲突的来龙去脉和根源，找到问题的关键，分清是非，然后才能有的放矢地做好深入细致的思想工作，化干戈为玉帛。

2.保持中立的态度

领导者应该平等地对待所有的人，给他们同等程度的重视，这样才不会有人觉得受到了冷落，人们也就没有理由认为，你是站在了"其他人"的一边。这一点能够极大地帮助你把自己的立场清楚明了地传达给对立的双方。

3.加强领导与员工的沟通

倾听可以化解负面情绪。领导要经常倾听员工的心声，给员工畅所欲言的机会，并适时地对员工进行教育和培训，员工才有可能着眼于大局，把单位或企业的利益放在第一位。这样领导也可以及时了解下属的动向，做到防微杜渐，在问题较小甚至刚要出现时彻底解决。

4.向对立双方阐明你的看法

有的时候，来自于上级的命令是最能奏效的办法。领导者应该和争斗的双方一起坐下来，向他们解释，他们的意见不合给整个部门的工作带来了什么样的影响，告诉他们，很多员工已经对目前的状况表示十分的气愤。在具体解决冲突的过程中上级也应该给他们提供支持。

5.给员工更多的交流机会

矛盾的98%是误会，而沟通是解决矛盾最好的途径。做同一件事，也许大家的出发点都相同，可是仅仅因为做事风格不一样，就导致了误会的产生。在这个时候如果采用激烈的办法，批评、责备，就会使员工产生抵触情绪。加强员工之间的沟通，让他们在心平气和或者愉快的气氛中说出自己的意见，诉说的人就更容易站在对方的角度考虑问题，而听者也更容易接受说者的观点。这就需要我们多为员工提供交流的机会，比如举办小型联欢会、集体庆祝生日等活动。

世界上没有完全相同的两片叶子，更没有性格完全相同的两个人，所以员工之间产生了矛盾，领导者要给予理解，不能一味责备，甚至不问清楚就强制惩罚。如果说矛盾是火灾，最好的解决办法不是救火，而是预防。健全的制度就能是控制星星之火的最好途径，再用员工和员工、员工与领导者之间的交流来个釜底抽薪，而领导者的个人影响力就是灭火器。做好以上几点，那么你一定就是一个让下属信服的、省心又有效率的领导者。

化解与下属矛盾的语言艺术

在任何一个组织的领导活动中，皆大欢喜是不存在的，冲突与不满时常都会发生。成功的领导者必须拥有良好的协调和沟通能力，正确合理地处理这种冲突，消除下属的不满。

领导者与下属之间发生矛盾冲突，其原因可以说是多方面的，有其本身素质的缺陷，有思想和工作方法的不当，还有彼此双方交谈、协调、沟通不及时和在利益处理上的不公正等等。由于这些原因，可以说领导者与下属之间发生矛盾是不可避免的，问题在于怎样处理这些矛盾，才能收到更好的效果。

1915年，科罗拉多州爆发了美国工业史上最有名的一次工人大罢工。科罗拉多煤铁公司的工人为了改善待遇举行了罢工，但是因为有关部门处置不善，罢工最终演变成了流血的惨剧，工人和工厂方面开始尖锐对立。

那时候，管理矿务的人是美国石油大王洛克菲勒的儿子。他最初使用了高压手段，请出军队进行镇压，但是没有收到很好的效果，双方矛盾越来越大。后来，由于认识到这样做无益于事，小洛克菲勒改变了策略，开始采用温和的手段来解决矛盾。他把罢工的事情放到一边，到各个工人家里去慰问，使双方的矛盾慢慢地缓和了。后来，他召集罢工运动的代表们参加谈判会议，在会议上他说了一段十分打动人的话，正是这段话结束了长达两年之久的罢工运动。下面就是他说话的内容：

“对我来说，这一辈子里，今天是最值得纪念的日子。我十分荣幸能与各位代表相识。如果时间倒回两个星期，那么我在这里完全是面对一群陌生人，因为那时候，我对诸位的认识不多。后来，我有机会去了南煤区的各个帐篷，和代表们也有过一次私人的个别谈话。我看了诸位的家庭，会见了你们的家人。诸位对我十分客气，好像把我当成了朋友一样。所以，在这里，我不妨将诸位都当作朋友。现在，我们本着朋友之间的友谊，来共同讨论我们的公共利益，这将会使诸位都非常高兴。参加这次会议的是工厂和职工的代表，正是因为你们，我才有幸跟诸位成为朋友，有幸站在这里跟诸位一起为解决矛盾而努力。对于这些，我是终生不会忘记的。从今天开始，我们的前途将一片光明。对我个人而言，今天我虽然代表着工厂的董事会，可是，我和诸位却是站在一边的。因为我觉得，我和诸位是有着密切的联系和友谊的。我希望就我们共同关心的话题展开讨论。让我们从长计议，想出一个令大家都满意的解决办法，因为，这是对大家都有益的事情……”

小洛克菲勒的说话谈不上很有文采，但是却透出一种真诚的味道。他让代表们明白，他确实是在为他们的利益考虑的。所以，工人们才被他打动了。小洛克菲勒的讲话，也是始终围绕着工人的利益，从工人的立场出发的，才让对方觉得一点都不空泛，而且确实很有道理，这样矛盾自然解决了。

只要有人的地方就有矛盾，人与人之间的矛盾无处不有、无处不在。身为领导，解决矛盾的过程就是建立自己威信的过程。你的个性品质、思想水平、管理才能、领导艺术，恰恰就体现在这里。

积极化解与下属矛盾和阻力，是良好的领导艺术和沟通才能的体现。做一名领导者，需要很多技巧和艺术，尤其是在处理下属与你的矛盾时，更应

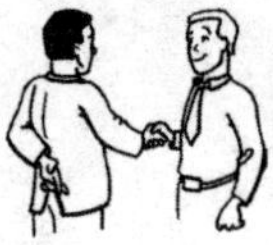

当设法让他们佩服你，认真地完成自己的工作。

1.以理服人

如果对方的意见有可取之处，被顶撞的领导者应当以宽广的胸怀和诚恳的态度主动接受其意见，切不可明知自己不对，还装出一副正确的样子，盛气凌人，根本不把下属的意见当作一回事；如果对方的意见是错误的，被顶撞的领导者也不能因为自己的意见正确就任意地训斥人。而是要针对对方错误的地方，晓之以理，动之以情，耐心地说明和解释，使对方心服口服。

2.以静制动

上下级发生冲突时双方往往都心情激动，精神紧张，有的甚至失去理智、不能自制，因而会出现言辞过激、声音过大等现象。对此，领导者应尽量努力克制自己的情绪，始终保持冷静的态度，仔细分析下属顶撞的意见后，再选择适当的时机，采取适当的措施。只有这样，才能避免矛盾的扩大和发展，变被动为主动。

3.以柔克刚

有的下属脾气暴躁，性情急切，城府不深，对某些自己看不惯或不合自己口味的事情常常发牢骚。你一批评他就跳，有的甚至故意用激将法，引你发脾气，动肝火。对这种人的顶撞不要以硬碰硬，而应采取委婉的态度，先在表面上将他的顶撞意见接受下来，然后再把他往正确的方向引导，待他火气渐息，再言轻意重地指出他的不对之处。由于这种人大都心直口快，所以一旦他们明白了事理，也就不会固持已见了。

4.严词驳斥

有些下属因为没有达到个人目的，存心要找碴儿，刁难领导，明知自己不对，却要强词夺理，无理取闹，瞎顶乱撞。对这种人不能让步，而应义正词严，对他进行严肃的批评。

5.旁敲侧击

有的员工依仗自己有后台、有靠山，不把领导者放在眼里；有的则以为自己资历深、年龄大，摆老资格，瞧不起比自己年轻的领导者。这些人遇上领导者批评时，少不了要发生顶撞现象，以为你奈何他不得。对待这种顶撞，既不要轻易地让步，也不要针锋相对地驳斥，而应从侧面入手指出他的不对，言在此而意在彼，表面上我不气不恼，但言辞话语中却是非分明。这样做，既不伤他的自尊心，照顾了他的面子，又使他明白了道理。

除了采取以上的方法之外，领导者还要有一定的高姿态。冲突发生以后，双方可能都余气未消，下属见到你时，也许会把头一扭，匆匆而过。这时，你大可不必介意，应主动同对方打招呼，并主动征求对方的意见，有些人“吃软不吃硬”，你以这种高姿态对待他，也许很快就会化干戈为玉帛。

消除下属怨气的语言艺术

在现实生活中，多数的人与人之间的误会、矛盾以及冲突都源于人际沟通障碍。一项调查表明，员工中有80%的抱怨是由小事引起的，或者说是由误会引发的。领导者一定要把这种抱怨处理好，绝不能掉以轻心，一定要给予认真、耐心的解答，因为有时误会造成的裂痕是永远无法弥补的。另外，有20%的抱怨往往是因为公司的管理出了问题。对这种抱怨，领导者要及时与下属进行平等沟通，先使其平静下来，然后采取有效措施，尽快加以解决。沟通在一定程度上可以化解下属的抱怨情绪，任何轻视沟通的念头都是不可取的。

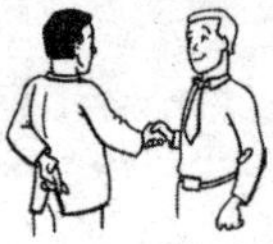

某公司职工老张，在年终评比后找到人力资源部的李部长发牢骚，他情绪激动地说：“我们这些人只会老老实实凭良心干工作，不会表功。可是公司评先进也不能总是评那几个‘荣誉专业户’，我们这些老员工难道就不先进了吗？”

李部长给老张倒了一杯茶，说：“老张，你的心情我完全理解。等我了解一下情况一定给您满意的答复。”老张见李部长这样说话，气消了一些，坐下来，心平气和地谈了他的看法，同时汇报了他一年来的工作情况。老张干的工作有一些确实是公司领导层不知道的，后来，李部长通过调查了解证明属实，经公司董事会研究，决定增加名额，把老张也评为先进员工，并补发了奖金。

下属有怨气、发牢骚，往往情绪冲动，理智常常为感情所左右，此时较好的方法是采用冷处理的策略，这是一种缓兵之计，可以缓解矛盾．赢得时间了解真实情况，寻求解决问题的方法。

在企业里，下属的抱怨和不满就像黄河里的泥沙，如果不及时加以治理和清除，就会像黄河一样泛滥成灾。对于下属的抱怨和不满，领导者应该认真对待与分析，给下属做出清晰正面的回复，防患于未然。

小于年轻有为，进取心强，领导有意培养他，便把小于列为下派干部安排到艰苦地区工作。小于很乐意，但又有着难以言说的苦衷。他对领导说：“我同女友的恋爱关系正面临着挑战，她的母亲认为我太呆板、老实，不是理想的未来女婿。这个时候要是我又离开城市到乡下工作，那我们将面临更大的压力。”领导认真倾听了小于的苦衷，说：“原来你有这么多的苦衷啊，这是我事先不了解的。但是组织上很想培养你呀，我看这样吧，你不用去那么远的地方，去离这最近的县城吧，这样每周末可以回来吗，你看怎么样？”

小于的领导从关心下属的角度出发，做了灵活处理，既没有违背原则，又照顾了实情，让小于感激不已。

对于下属的抱怨和诉苦，领导要防止因维护自身的权威性，而表现出武断情绪。要认真倾听下属的申诉，再对情况加以区别对待，可解释的作必要的解释、疏导，疏漏之处作积极的调整和纠正。

某公司采购部员工刘先生在专业技术人员年度考评中没有评为“优秀”，心里不服气，就找公司的陈经理发牢骚说：

“我一年来按时上班，风雨无阻，很圆满地完成了公司的采购计划，还为公司节省了不少开支，为什么我就不能被评为‘优秀’？”

对此诘难，陈经理耐心地解释道：“不错，您确实是一个尽职尽责的好同志，出勤好，履行职责也到位。按公司的规定，您可以得到满勤奖金和采购部员工的岗位津贴。但是，专业技术人员评优，不仅要看平时工作态度和履行职责的情况，还要看是否有建树，评上优秀的几位同志，在这方面都做得较好。如果来年您在这方面再努一点力，我认为您还是很有希望的。”陈经理的一番话，说得老刘心服口服。

发牢骚的下属看问题的立足点往往只在自身，缺乏全局观念，往往比较片面、偏激。领导对这样的发牢骚者进行说服，可以运用两分法，剖析事物的辩证关系，明辨是非，全面地看问题，帮助他们正确认识自己，正确对待别人，从而打开他们的心结。另外，对于发牢骚的下属，做领导的还要区别对待，要根据下属的不同特点采用不同的方法，对那些有一定能力，但对目前状况不满的发牢骚的下属，不妨运用激将法，有目的地用反话刺激对方，使对方从自我压抑中解脱出来，代之以上进心、荣誉感、奋发精神。

某国企办公室秘书小王具有大学本科学历，但每当他看到那些学历不高的人发了财，心里就很不服气。一天，他向孙副经理发牢骚说：“现在的社会，学历低、胆子大的人挣大钱；学历高、胆子小的人挣不了几个钱。”言下之意是埋怨自己的待遇太低。对此，孙副经理说：“现在的社会讲究真才实学，学历高的人不一定能力强；能力强的人也不一定学历就高。不要不服气，有本事你给我露两手瞧瞧。咱们单位下属有几家公司，正缺有能力的厂长、经理，你敢不敢立军令状，下去把公司搞活？”

这话对小王的触动很大，他想自己怎么说也是正规大学毕业的，难道真的那么窝囊吗？与其整天窝在单位里无所事事，倒不如下去干他一番。于是，他真的要求下去当了厂长，果然使企业扭亏为盈。

作为领导者，绝对不可对下属的不满和抱怨掉以轻心，漠然视之。下属虽然不会因为心存抱怨而愤然辞职，但是他们会在其抱怨无人听取又没人考虑的情况下辞职。因为他们感到自己的人格受到了污辱，感到无法接受。如果你想让手下充满激情地工作，你就应该花点时间多关心关心他们，多听听他们的心声。下属对公司有抱怨、不满，多是利益摩擦，领导者应当充分重视。

1.查明原因

如果下属对工作环境有抱怨，可能是因为公司对于他们的工作环境没有处理好。领导者要想解决下属的抱怨，就要找到下属抱怨的真正原因。

2.认真倾听

倾听，首先是一种态度，它表明了领导者对下属的尊重，也是发现下属抱怨原因的最佳方法。例如，一位打字员可能抱怨他的打字机不好，而他真正的抱怨是档案员打扰了他，使他经常出错。因此，要认真地听人家说些什么，要听弦外之音。

3.别兜圈子

在你答复一项抱怨时，要触及问题的核心。要正面回答抱怨。不要为了避免不愉快而去绕过问题，不把问题明说出来。你的答复要具体而明确。这样做，你的话的真意才不会被人误解。

4.解释原因

无论你赞同下属与否，都要解释你为什么会采取这样的立场。如果你不能解释，在你下达决定之前最好再考虑考虑。

总之，如何处理好下属的抱怨，是领导工作中的一件大事。处理好了，说服好了，工作就顺当，就畅通无阻，处理不好必然会产生很多麻烦。掌握一定的原则，就可以大事化小，一团和气，更加凝聚团体的战斗力！

虚心听取他人的意见和建议

在工作中，许多领导者因为所处的位置和权力欲的膨胀，最容易犯的错误就是独断专行，一言堂，他们往往不能听取他人的规谏，不能容忍他人和自己意见相左，容易造成与下属之间的矛盾。

某建筑公司的一位工程部经理向他的一位下属说明了自己对某项工程的观点，这位下属觉得其中有许多不合理的地方，便小心谨慎地想提出一些建议性的意见。谁知上司听了却大发雷霆：“究竟你是老板，还是我是老板，究竟是你说了算，还是我说了算。”下属哑口无言，只好按上司所说的去做。但是事情的结果却大大出乎上司的意料之外，按他所说的观点设计出来的图样不符合客户的要求，遭到客户的强烈反对。上司只好要求下属重新返工进行改进，下属大为不满，冲突也就在所难免了。

试想一下，如果这位工程部经理起初认真听取下属的意见，事情也不会闹到这种不可收拾的地步，与下属的矛盾也就不会发生。

有不少领导者不愿听取下属的意见，大致原因是认为下属能力不足，意见不具备参考价值，这实际上是个误区。下属能力较你弱或许是事实，但并非他们的每个意见都不高明，有些意见可能对方案有补充作用，或者可以通过这些意见本身了解下属在执行中会有什么心态及要求。总之，无论从哪个角度讲都有必要认真倾听不同意见，因为一个人考虑问题不可能十全十美，况且，就怎样做成一件事来说也很少有标准答案，我们要的是结果，如果大家齐心协力共同完成一个任务，这不是很开心的一件事吗？所以说，大凡英明的领导者都会虚心听取下属的意见和建议的。

日本经营之神松下幸之助从一个脚踏车学徒，到指挥近百万人的跨国企业总裁，在接受哈佛大学教授的访问中，被问及“请用一句话概括经营诀窍”时，他的回答是：“细心倾听他人的意见。”

松下幸之助非常善于与员工沟通，尤其善于倾听员工的意见、建议和倾听员工发牢骚。

松下幸之助经常问他的下属管理人员，“说说看，你对这件事是怎么考虑的”，“要是你干的话，你会怎么办？”一些年轻的管理人员开始还不怎么说，但当他们发现董事长非常尊重自己，认真地倾听自己的讲话，而且常常拿笔记下自己的建议，他们就开始认真发表自己的见解了。

由于听的人既显示了对说话人的尊重，又不走形式，毫不马虎地专注地听，回答的人就会十分认真地畅所欲言。这是一场比认真的竞赛，对于下级管理人迅速掌握经营的秘诀是大有裨益的。

此外，松下幸之助一有时间就要到工厂去转转，一方面便于发现问题，另一方面有利于听取一线工人的意见和建议——而他认为后一点更为重要。当工人向他反映意见时，他总是认真倾听。不管对方有多啰唆，也不管自己有多忙，他总是认真地倾听，不住地点头，不时地对赞成的意见表示肯定。他总是说："不管谁的话，总有一两句是正确可取的。"而且，松下的头脑里，从没有"人微言轻"的观念，不管任何时候，他都认真地倾听哪怕是最底层人的正确意见。

人们常说："兼听则明，偏信则暗"，领导者只有广泛地听取多方面的意见，包括听取不同意见，才能把问题考虑得更周到、更全面一些，才能尽可能地去做好每一项工作，干好每一件事。从管理角度来说，多听听反面意见可以团结持有不同意见的下属，为他们的意见找到一定的渠道宣泄，这有利于化解组织内部的矛盾。从另一个角度去考虑，作为领导者，虚心地倾听下属的意见和建议，下属还会产生一种被重视的感觉，从而更加卖力工作。同时，也能体现出领导者的一种大将的风度，提高领导的威信。

善于听取、提炼他人的看法和意见，是沟通协调能力的基础部分。即使你拙于言辞，但只要能当一名好听众，并做好收集整理工作，就是一名卓越的领导者了。

那么，领导者该如何虚心倾听下属的意见和建议呢？

1.鼓励下属提出不同意见

作为领导者要让下属经常有时常提供反馈意见的机会。要让自己的下属

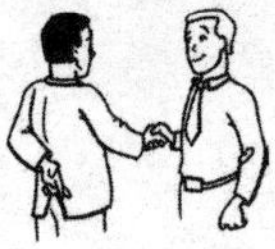

清楚地知道，你不仅允许，而且鼓励他们提出自己的看法和批评意见。下属们经常不愿意表示出与领导者不同的意见，领导者要明确地向下属们说明，领导者欢迎不同的看法，而且会认真对待这些意见。如果领导者倾听并考虑了下属的想法，下属们会更加服从指挥，更加拥护决策。如果不鼓励下属思考，下属们就会懒得开动脑筋，而是按照领导者的旨意低效率地去执行一项工作。在工作中，须知倾听、留意下属转达的意见是领导者和下属之间沟通的最有效方法。也是获得正确行动方式的有效方法。

2.不要给下属泼冷水

尽管下属的意见不可取，领导者也不能当头泼冷水，而应该诚恳地说："你的意见我很了解，但是，有些地方显然还需多加斟酌，所以目前还无法采用。但我还是很感谢你，今后如果有别的意见，希望你多多提供。"或者说："以目前的情形，这恐怕不是适当的时机，请你再考虑一下。"如果领导者的措辞这么客气的话，尽管意见不被采纳，下属心里也会觉得很舒坦。同时也会仔细检讨自己议案中所忽略的事，然后再提出更完整的构想。像这样激励，就是下属获得成长的原动力。

3.对不同的异议保持宽容的态度

领导者在倾听意见时不要当场做出反应。阻止别人提出异议的最有效方法是坚持固执己见。尤其是当你作为领导者时，固执己见是一个明确的信号，表示你不是真正对反馈的意见感兴趣。如果能对不同的异议保持宽容的态度，下属们就能比较自由地提出自己的观点，或是对别人的看法进行发挥。作为领导者对每一种观点都要加以考虑，并认真给予评述。对别人的观点，无论有多愚蠢，多繁琐，都不要置之不理。

4.不要着急发表意见

有些领导性情比较暴躁，或者不太喜欢听别人的意见。这时如果有人向他们提出批评，他们的第一个反应就是去反驳。当即反驳并不能使问题得到解决，相反的，可能还会使矛盾激化。当对方提出批评意见时，你应该认真地倾听，即便有些观点自己并不赞同，也应该让批评者讲完自己的道理。另外，你应该很坦诚地面对批评者，表现出很愿意接受批评的态度。

5.对下属提出的意见表示感谢

在接受了一项意见，并按意见执行之后，一定要对提出这条意见的下属表示感谢。这样能让下属觉得自己和自己提出的意见被领导者所重视，进而以后会更加积极地提出宝贵的意见。

妙语解纷纠，做好矛盾的调解工作

处理下属之间的矛盾是一个领导者日常工作不可缺少的重要内容。实践表明，小的矛盾如果处理不好、处理不公，不但会降低领导者的威信，还会影响整个部门的工作效率。而如果矛盾进一步向上发展，那么领导者自身的工作能力也将会受到其上级的严重质疑。因此，学会处理下属的矛盾，是领导者必备的一个基本功。

在一家生产塑料加工机械的企业的射出成型机制造部门，有位技师跟生产组的组长发生了冲突。技师是大学毕业，到公司才3年多；那位组长是高中毕业，但在公司已经工作11年。双方的冲突起因于射出成型机的改良设计。

那位技师认为，他们制造的射出成型机，应该在射出加速器上加一个自动控制钮；那位组长认为不必多此一举，只要在射出口上加以控制就可以。前者是从机械的结构着眼，也可称之为理论的应用；后者是从实际操作着眼，可称之为经验的积累。

他们都是想把射出成型机改良得更加完美、更加实用，其出发点都没有错，都是为公司好。两个人之所以意见相左，闹得脸红脖子粗地大吵起来，表面上看是观念不一致，实际上则是彼此的心理在作祟。

那位组长认为："老子在工厂里干了十几年，整日与这些机械为伍，连哪里有个小螺丝钉都记得清清楚楚，你才来了几天，只不过在书本上多学了点理论，就地位比我高了？其实你狗屁不通！"

那位技师的想法正好跟他相反："机械结构的原理，我比你清楚得多，你想用土办法来改造机械，那真是差得太远了！"

这种彼此不服气的心理，当然不是一天形成的。那位技师一进入工厂，这种想法不协调的现象就开始酝酿了，这次的事件只是个导火索而已。

对这种情形，这家企业的老板不是没有发觉，但为了整个企业的发展，自然也有他自己的看法。他认为，在改进机械方面，必须要用一些学有专长的人。要从基层员工中培养、提拔，恐怕是吃力不讨好，即使有可造之才，也不是短时间内能够派上用场的。因此，他开始物色大学机械工程系毕业的学生。那位技师是他吸收的第一个人才。也是他公司里生产部门第一个具有大学学历的员工。

人家既然是大学毕业，学有专长，自然不能给人家一个普通技工的待遇。可是他的公司规模不大，还没有设开发研究部门，也没有机械工程师的编制，想来想去，老板给他安了个技师的名分，地位和待遇都比那些老技工高。有些老技工心里自然就有点不服气。

冲突发生之后，老板在处理上颇感为难。因为就事论事谁都没有错，但实际上又不能不问不管，否则，让这种不满的心理状态继续发展下去，后果太可怕了。

可是，如何管呢？如果把技师数落一顿。不但技师会认为老板不重视新技术、新构想，也会助长那些老技工的气焰。如果把老技工出身的组长骂一顿，一定会引起老技工们的不满，认为老板不重视他们，说不定一气之下，拍拍屁股不干了。

这位老板想来想去，真是左右为难：如果留不住专门人才，他的企业不可能有长远的发展；如果得罪了这些老技工，使他们生出二心，马上就会影响工厂的生产。对他来说，这两种情形发生任何一种，都是公司的不幸。

最后，他终于想出一个“两全其美”的办法，那就是把二者的权责划分清楚，另外设立一个开发部，由那位技师主持，挑选几位年轻、好学的技工跟着他一起研究，专门从事改进产品的工作。那位组长则专门负责生产，两个人互不干涉，就不会发生直接冲突。

此外，这位老板还用了点小手段，消除了双方心中的“怨气”。他把那位技师叫到办公室里，用诚恳的语气跟他深谈了一番。自然不外是将来公司的发展全看他了，希望他能争一口气，在新产品开发上有突出的表现。

照理说，工作责任加重了，自然在待遇方面也应该提高一点才合理。但这位老板心里明白，如果调了他的职务再加他的薪水，无异于告诉老员工，他对这位技师更加重视了，所以他悄悄地告诉那位技师：“你现在独当一面，责任加重了，我应该给你加一点薪水，但我相信你了解我的苦衷，现在还不能给你加。好在你还年轻，又有自己的理想，不会计较这些。不过，我可以向你保证，我绝不会让你吃亏。”

接着，他又把那组长叫到办公室，一见面他就用带着几分亲切的语气训起来：“你简直是在胡闹，身为生产组主管，竟当着那么多人跟人家技师吵起来，这成什么体统？年资比人家深。即使有什么不满，也该忍下来，事后可以跟我说。你这样公开跟人家吵闹，教人家如何下得了台？”

“你已经跟我工作十几年，你的能力我当然信得过，”这位老板用对待自己人的语气说。“但你要知道，我们要开发新产品，扩大业务，光凭你我两个人是不够的，必须要吸收新的人才。如果我用一个新人，你们就跟人家吵一架，谁还敢到我们这里来？经验固然重要，理论也不是一文不值，你到人家那些大公司去看看，负责开发、设计工作的，都是些学有专长的人。以后你的气量一定要放大一些，免得人家说我这个老板只把几个老人当宝贝，帮着你们欺侮新来的。”

那位组长本来一开始还有满肚子的话要说，被老板训了一顿，一句话也说不出来了。老板对他这样好，把他当成自己人看待，他除了惭愧还能说什么呢?

“现在我把你们的工作分开，”老板最后说，“你负责生产。他负责新产品开发。不过，你要弄清楚，你们的工作性质虽然不同，但并不是互不相干的，他在工作中需要你的支援，你一定要全力去协助，不管有什么委屈，可以跟我说，绝不能再跟人家当面吵，否则，我可是不答应你。”

从这个事件看来，领导者要懂得冷静地对待下属之间的矛盾，善于做好促“和”工作。针对不同的原因，以不同的方法使下属重新燃起工作的热情。这是领导者统御下属的一项重要职责。只要领导者坚持以人为本，着眼于和谐处，以共同的目标和理想凝聚组织上下的激情，就能带领组织不断前进。

主动承认错误，融洽与下属的关系

古人说：“知错能改，善莫大焉”。没有人愿意犯错，在错误的面前，能真正认识错误并改正错误，那么对自己，对工作来说都是一件好事。

在现实生活工作中，人不可避免地要犯错误，领导者也如此。可是对很多领导者来说，承认错误却是件非常不容易的事情。他们总是用各种方式去掩饰自己的错误，给自己找托词，或者在掩盖不住自己的错误、实在没有办法的时候才被迫承认错误，这些都是非常可悲、毫无意义、还会让人看扁的行为。

任何人都可能会犯错，是否能够正视错误、改正错误，是衡量一个人的重要标准。只有敢于承认自己错误的人才能获得别人的信赖。领导者在决策中难免会有失误。有了失误不可怕，只要敢于负责，及时解决失误就是了。实践证明，只要承认错误，改正错误，领导者的威信不仅不会降低，反而会更有威信。若在失误面前躲躲闪闪，推三推四，甚至埋怨下属，那么，他的威信就要扫地了。

勇于认错不仅是一个领导者应有的素质，也是一种难得的品德。许多开明的领导都坚持认为，承认错误是勇敢的表现、诚实的表现，不但能融洽人际关系、创造平和氛围，而且能提高领导的威望、增进下属的信任。

美国的戴尔电脑公司是一家跨国大企业。戴尔公司在2001年曾搞过一次调查，调查显示，有高达半数的下属表示一有机会就将跳槽，很吃惊吧，这是为什么呢？因为，下属认为总经理戴尔不近人情、感情疏远，对他没有强烈的忠诚感。不过，大部分下属还是留了下来，一年又一年地咬着牙推着公司快速成长。那这又是为什么呢？这般惊人的成就与内在的矛盾并存，令人不得不思索——迈克尔·戴尔除了以“直销”赢得盛名之外，他还有什么过人之处？其实，戴尔并没有什么高招，只是坦然承认自己的错误并加以改进。

戴尔在2001年就曾对手下20名高级经理认错：承认自己过于腼腆，有时显得冷淡、难于接近，承诺将和他们建立更紧密的联系。下属对“极度内向”的戴尔公开反省非常震惊——如果戴尔都可以改变自己，其他人有什么理由不效仿呢？戴尔以下属为镜，照出都是腼腆惹的祸，腼腆是错误吗？戴尔的回答是：“如果下属说是，那就是。”“认错要认下属眼中的错，不是认自己脑中的错。”

对于这样一家跨国公司的老板来说，认错远比我们想象的困难得多，但是他做到了，而且做得非常好，那么我们又有什么理由不去做呢？

领导者勇于承认错误、承担责任，是树立良好形象，与员工建立良好关系的捷径。领导者不是神，是人，而且管理工作本来就避免不了有失误或错误。现实中，很多问题和矛盾恰恰就是领导者的一句得体的、正面的承认错误，温暖了大家的心，得到了人们的谅解进而使问题得到化解。这不但树立了自己良好的形象，还与员工建立了亲密的关系。

芝加哥《太阳时报》主笔丹诺先生在读稿时，常常喜欢把自己认为重要的几段用红笔勾出，以提醒排校人员“切勿将它遗漏”。

但是有一天，一位年轻校对员偶然读到一段文字，也是被人用红笔勾出的，上面大致是说：“本报读者雷维特先生送给我们一个很大的苹果，在那通红美丽的皮上露出一排白色的字，仔细一看，原来是我们主笔的名字。这真是一个人工栽培的奇迹！试想，一个完整无缺的苹果皮上，怎样会露出这样整齐光泽的字迹来呢？我们在惊奇之余，多方猜测，如终不明白这些奇迹是怎样出现在苹果上的。”

那个年轻的校对员很聪明，他读了这段文字后不禁笑起来。因为他知道这些苹果皮上的字迹，只要趁苹果还青着的时候，用纸剪成字形贴在上面，等苹果发育成熟变红时，将纸揭去就行，这本来是个小朋友的恶作剧而已。

所以，这位年轻的校对员心想，这段文字如果登了出来，必将被人讥笑，说他们的主笔竟会愚笨至此，连这样一点小“魔术”也会“多方猜测，始终不明……”因此，他便大胆地将这段文字删掉了。

第二天一早，主笔丹诺先生看了报纸，立刻气呼呼地走来，向他问道：“昨天原稿中有一篇我用红笔勾出的关于“奇异苹果”的文章，为何不见登出？”

那位校对员诚惶诚恐地把他的理由说明后，丹诺先生立刻十分诚挚和蔼地说：“原来如此！是我错了，我向你道歉，你做得十分正确，以后只要有确切可靠的理由，即使我已用红笔勾出，你仍不妨自行取舍。”

事实上，任何人都会犯错，从失败中记取教训，才是成功的垫脚石。面对错误的态度，会决定你是否适合担任领导者，也攸关整个企业文化的形塑以及竞争力的建立。

本杰明·狄斯拉里说：“世上最难做的一件事，便是承认自己错了。要解决这种情况，除了坦白承认错误，没有更好的办法。”在工作中，领导者要敢于认错。这是一种工作作风，也是一种心态。想要当领导者，现在就该养成认错的勇气，越快认错，越能让你成长，也会赢得尊敬，无形中会增加领导格局与气度，是一项看不到却很重要的领导资产。如果你做到了这一点，你的下属员工就会信任你，并时时刻刻追随着你。承认错误需做到：

1.找出犯错的原因

当错误已经酿成的时候，当事人首先要坦率承认错误，真诚道歉，使对方的怒气渐渐平息下来。然后再从主客观方面出发，向对方分析自己失误的原因，述说自己的难处，在一般情况下，对方都会理解你的苦衷，谅解你的过失。

2.道歉要有诚意

如果你犯的错误严重影响到他人，无论对方是否在意，你都要主动向人道歉，承认自己错误，并愿意为自己的行为负责，不为自己辩护解脱、推卸责任，否则只会让对方对你更加不满。不要总是害怕自己会犯错，尤其是当你在工作任务重，精神状态不好时，压力就会增大，犯一点小错是很难杜绝的。在人际沟通的过程中，只要我们能积极面对我们的错误，不仅不会让我们的人际关系变坏，而且会帮助我们争取到更好的人缘。

总之，主动承认错误会给我们带来很多的好处，尤其在增进双方的关系上更有奇效，但应记住承认错误，一定要让对方感受到你的真诚，如果在承认错误时把责任推给别人，那会让他人怀疑你的态度。

第八章

言之有物，领导这样演讲最有效

巧妙开场，一开始就引起大家的兴趣

一次成功的演讲，有着多方面的因素在起作用，但好的开头，作为进入演讲的第一步，无疑是一个不可忽视的重要因素。正如人们常说，“好的开始是成功的一半”，对于演讲来说，好的开始不仅是成功的一半，它几乎可以决定此后你所说的每一句话的命运。

不管是多么冗长的演讲内容，演讲开场时的几句话是至关重要的。出色的口才高手总是有很好的语言表达能力，在一开场就抓住听众的注意力。他们登上讲台，一开口便一鸣惊人。他们善于立即抓住听众的心，尽快吸引听众的注意力。因为他们知道，如果不这样做，接下来的演讲将无法顺利进行。对领导者来说，如果从演讲开始就无法保持听众对所演讲内容的兴趣，那么，他将失去在演讲中的主导地位。所以，只有独具匠心的开场白，以其新颖、奇趣、敏慧之美，才能给听众留下深刻印象，才能立即控制住场上气氛，在瞬间集中听众注意力，从而为接下来顺利演讲搭梯架桥。

苏联大文学家高尔基说：“最难的是开场白，就是第一句话，如同在音乐上一样，全曲的音调，都是它给予的。平常却又得花好长时间去寻找。”高尔基的这段话包含两层意思：第一，演讲的第一句话至关重要，它的作用如同音乐的“定调”，规定着“全曲”的基本面貌和基本风格。第二，适当的第一句话不是那么容易找到的，它是长期积累和斟酌钻研的结果。所以，领导者想要成为一名成功的演讲者，必须在演讲开场时就抓住听众的注意力。记住:只有当你确信所有听众都在津津有味地听你演讲，你才可以确定你迈出了成功演讲的第一步。

下面，我们介绍几种常见的开场白:

1.开门见山，直奔主题

所谓开门见山式开场，就是演讲者用简洁凝练的语言，鲜明地提出主题，激发听众的注意力，点燃他们倾听的热情。这种演讲开篇方式，不转弯抹角，不过分渲染，直截了当，旗帜鲜明，很符合听众的心理需求。

张承先的《“三个面向”是教育改革的指针》的开头：

1983年9月，邓小平同志又提出“教育要面向现代化，面向世界，面向未来”。“三个面向”指明了这一历史时期教育工作的战略方向，是今后教育改革的总指针。

这样的开头，使听众一听就知道明白讲的是什么，注意力马上就能集中起来。开门见山式开场白适合运用于较为正规、庄重的应用性演讲场合，它要求演讲者具有较好的概括能力。

2.引用名言典故

演讲开场白也可以直接引用别人的话语，为展开自己的演讲主题做必要的铺垫和烘托。名人说过的格言，永远具有引人注意的力量。所以，你能适当地引用一句名人说过的话，实在是演说开端的好方法。

有一次，一个演讲师在演讲培训班上讲课是这样开头的：美国第一个登上月球的宇航员阿姆斯特朗曾说过："我一个人的一小步，却是整个人类的一大步"。那么，对于今天我们要提高演讲能力的人来说就是："上台一小步，演讲一大步"。不开口不知道自己舌头短，不上台不知道自己腿短。要想提高演讲能力，上台开口练习是不二法门。

演讲师这样的引用和引申，一下子就让学员们进入了状态，激发了他们即刻上台演讲的欲望。

3.设置悬念

人都有好奇的天性。在开场白中制造悬念，能激发听众的强烈兴趣和好奇心，在适当的时候解开悬念，使听众的好奇心得到满足，也使演讲前后照应，浑然一体。

党的早期革命家彭湃当年在海陆丰从事农民工作，一次到乡场上准备向农民发表演讲。怎样才能吸引来去匆匆的农民呢？他想出了一个好主意。他站在一棵大榕树下，突然高声大喊："老虎来啦！老虎来啦！"人们信以为真，纷纷逃散。过了一会儿，才发现虚惊一场，于是都围上来责怪他。彭湃说："对不起，让大家受惊了。可我并没有神经病，那些官僚地主、土豪劣绅难道不是吃人的老虎吗？"接着，向大家宣讲革命道理。这次演讲后，该地的农运工作很快就开展起来。

制造悬念不是故弄玄虚，既不能频频使用，也不能悬而不解。在适当的时候应解开悬念，使听众的好奇心得到满足，而且也使前后内容互相照应，结构浑然一体。

4. 利用幽默

演讲时用幽默法导入，不仅能够较好地表现演讲者的智慧和才华，而且使听众能在轻松愉快的气氛中自觉不自觉地进入角色，接受演讲的内容。同时，在幽默趣味的开场中，不时发出一种与导入语语感语意十分和谐的笑声。这轻松的一笑，不仅给听众以美的感受，而且能沟通演讲者与听众之间的感情。

一次，金庸应邀到北京大学演讲。一开始，他对同学们说：“我刚从绍兴过来，在绍兴的兰亭，那里的人让我写字。我说，这可不行，这是书法家王羲之写字的地方，我怎么能写？他们不干，非要我写不可，于是我就写了一行‘班门弄斧，兰亭挥毫’。今天，北大又让我在此讲学，又是一种怎敢当的心情，于是我又写了一行‘草堂赋诗，北大讲学’。我是搞新闻出身的，做新闻是杂家，跟专攻一学的教授不同，如果让我做正式教师的话，那是完全没有资格的，幸亏我当的是你们的名誉教授。”幽默风趣而又自谦的开场白引来了同学们会心的笑声和热烈的掌声。

这样风趣的开场白，一下子使演讲者和听众融合在一起了。在演讲开始时使用幽默艺术，可以打开沉闷的局面，缩小演讲者和听众之间的距离。

5.讲述故事

演讲的开头通过故事跌宕起伏的情节，将听众引入一种忘我的境界，并将自己的思想观点不动声色地融入到故事中，起到“随风潜入夜，润物细无声”的作用，真正达到讲故事的目的。

在一堂演讲练习课上，要求学生以“当我走进大学校门的时候”为题，练习开头，其中一个是这样开场的：大家一定会记得这样一个传说吧：阿拉伯有个神奇的山洞，里面收藏了40个大盗偷来的金银财宝和珍珠玛瑙。只要掌握一句咒语，洞门就会自动打开。有一天，一个叫阿里巴巴的人无意中知道了这个咒语，他打开了财宝之门，成为巨富。

这个开场白，运用大家都熟悉的故事，将大学校门比做通往财富之门，非常妥帖，从而收到了很好的效果。

以情感人，演讲要富有感染力

在演讲时，领导者不仅要考虑到演讲的形式、内容以及内在的哲理对演讲效果的作用，还要考虑到演讲的对象是人，演讲要以情动人。听众最忌讳演讲者在演讲中盛气凌人，动辄训人，也不喜欢听空洞、干巴的大道理。听众喜欢的是演讲者自己的真情实感。那么，演讲者的真情实感从何而来呢？它不是凭空而来的，也不是故作姿态，逢场作戏，它只能来自实际生活，来自切身的感受。

演讲，只有发自肺腑的真情才能动人心弦，有多少真情就有多少感染力。因此，登台之前须反躬自问：自己的真情在哪里？

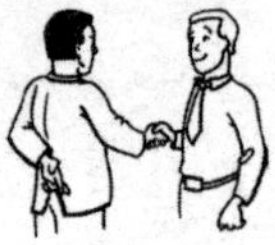

美国的麦克阿瑟不仅是一位叱咤风云的军事统帅，而且是一位富有激情的演讲家。他的几次著名的精彩演讲，都是饱含激情，使听众热泪盈眶而又回味无穷。如他在52年军事生涯之际，1951年应邀在国会的联席会上发表的《老兵不会死》的著名演讲中说道："我就要结束我52年的戎马生涯了。……我孩童时期的全部希望和梦想便实现了。……但我仍然记得那时军营中最流行的一首歌谣中的两句……"他饱含深情的演讲，博得了参议员和众议员们经久不息的雷鸣般掌声，许多国会议员和在收音机、电视机前收听收看的听众与观众都热泪盈眶。

1962年，82岁高龄的麦克阿瑟回到他曾经学习和工作过的西点军校，面对学员发表了他最动人，也是最后一次的公开演讲。结束时他说道："我的生命已近黄昏……我昔日的风采和荣誉已经消失。……我尽力但徒然地倾听着，渴望听到军号吹奏起床号时那微妙的迷人的旋律……我耳畔回响着，反复地回响着，责任、荣誉、国家。"麦克阿瑟这一席充满激情、感人肺腑的演讲，使在场的学员们为之动容而久久不能自控。他们想着"责任、荣誉、国家"这几个字的意义和分量。

一个演讲者如果讲话华而不实，只追求外表漂亮，是难以使听众信服的。如果感情不真切，也难以使听众倾心，与之共鸣。有这样一句话说得好："在演讲和一切艺术活动中，唯真情，才能使人动容；唯真情，才能使人怜；唯真情，才能使人笑；唯真情，才能使听众信服。"由此可见，真情，是演讲者与听众沟通的桥梁。真情，是演讲者与听众零距离的接触。

感情是最富有"个人性"的，是无法模仿的，谁模仿谁都"不像"。有的演讲不能动人，就是因为他所表达的感情是"学"来的而不是他自己的，让人感到似曾相识。凡是真情都有与众不同的个人色彩。

情感是艺术的灵魂，也是演讲气势动力的源泉。没有演讲者的真挚情感的流动、跳跃和燃烧，演讲气势就无从谈起。演讲者只有用血、用泪、用自己的生命激情去呼喊、去敲击，才能叩开听众的心扉，产生征服人心、震撼灵魂的演讲效应。所谓情真，就是真挚感情的抒发，不言词虚浮，不矫揉造作，保持说话人的自然本色，使人听后感到自然，乐于接受。情真还应表现在情感的深沉与丰富上。构成演讲气势的情感，既要有深度又要有广度，这样才能激起听众感情上的波澜，这就要求演讲者的情感必须具有凝聚性和交融性，善于浓缩和强化情感。当演讲进行到关键时刻或达到高潮时能立刻形成强有力的情感爆发力，给听众以强大理性情感的冲击，使其心灵受到震颤，就能使台上台下形成"情通理达"交融和谐的演讲气势效应。

言为心声。语言所负载的信息，除了理性信息之外，就是情感信息。这种情感信息的内涵十分丰富，它的功能不仅是要诉诸人的理智，而且也要打动人的情感。精彩艺术性的演讲，不仅以理服人，还能以情动人。所以，领导者演讲时一定要充满着自己的真情实感。

随机应变，全面掌控演讲的全局

随机应变是演讲应当具有的基本能力之一。在演讲现场，可能随时发生一些意外，这就需要领导者在没有思想准备的情况下正确处理这些意外，这也反映出一个人是否具有灵活处理问题的能力。

美国五星上将艾森豪威尔在第一次世界大战期间，有一次在某军事基地视察。当他发表演讲后走下台时，不慎跌倒，士兵们顿时大笑不止。艾森豪威尔并未恼羞成怒，而是机敏友好地笑道：“某些迹象表明，我这次到你们这里来视察是一次巨大的成功。”妙语一出，立即赢得了士兵的欢呼和掌声。

上台演讲时不小心跌倒了，或听众发笑时才发现自己衣服扣子扣错了，或拉链没拉好，或帽子戴歪了……遇到这种情形，演讲者多半会感到尴尬。笨拙的化解方法是，演讲者可以跟着听众笑到一块，在笑声中恢复常态，对此听众一般是不会介意你的失误的。高明的化解方法，当然是演讲者能够借事发挥，说几句巧妙的开场白。

演讲现场的应变能力对每个演讲者都是至关重要的，特别是在演讲中回答问题时。因为有些时候演讲者所准备的东西并不能完全概括所有，毕竟人的思想是自由的，演讲者无法控制别人的想法，当然就不能预知听者将要提出的问题内容。所以，演讲者在讲话时经常需要急中生智，避其锋芒，用最恰当的语言方式来回答问题。往往这种时候，就是演讲者智慧的体现，当然也会令听者对你充满敬意。

请看原无锡市某毛纺织染厂党委书记回答青年们关于修养与情操的一段对话：

问：“你怎样估计自己？”

答：“夸我、捧我、吹我，我自己知道我没有那么好；骂我、攻我、散布我的谣言，我自己知道我没有那么坏。我就是我——一个工厂的共产党党委书记。”

问：“你怎样看待人才？”

答：“峰高谷深，峰谷并存。”

问：“你怎样使用人才？”

答：“用人之长，容人之短。将才要放在将位上。”

问：“你觉得什么日子好过，什么日子难过？”

答：“稀里糊涂的日子好过，清清楚楚的日子难过。”

问：“怎样才能使自己乐观？”

答：“心底无私天地宽。”

问：“您谈的问题都挺新，看来，您主张‘喜新厌旧’？”

答：“是这样。我国有一位著名学者说：‘除了对自己的爱人和文物之外，对什么都应该喜新厌旧。否则社会就不能发展’。”

问：“一些老同志随年龄的老化而悲观，担心被历史遗弃，这怎么办？”

答：“被历史遗弃的不是年龄的老化，而是观念的陈旧。”

问：‘你说我们小青年什么时候恋爱最合适？”

答：“当理智能控制你的时候。”

问：“爱情与理智还有关系？”

答：“有。当你被爱情缠住的时候，你千万不要失去理智；当你被爱情抛弃的时候，你千万不要忘记法制。”

问：“你干事情都不给自己留退路？”

答：“我不留退路。因为很多成功往往是在绝路上逼出来的。”

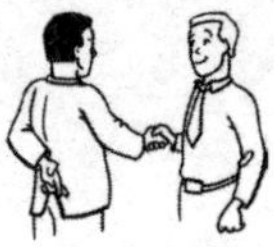

作为一位优秀的企业党委书记，他不但有较高的思想政治觉悟，应该说其中应变口才也十分了得，对于青年的各种提问可说是对答如流了。有些话怎样讲是相当棘手的，如“喜新厌旧”、“何时恋爱好”等等。对此，他都能迅速、准确。精辟地做出极妙的回答。而作为党委书记的威信也就随之而提高了。

在演讲中，或许你会遇到一些人肆无忌惮地向你提问出各种问题，但有些问题又确实不便直接回答。这时，我们的表达技巧和反应能力以及心理素质就成为成功回答问题的关键。你应遵循的一个原则就是控制情绪，保持冷静。只有这样，才能稳操胜券，才能巧妙地应对。

机智应变，是难度很大的技能。它是演讲者观察、感受、思考、辨析等智能的综合运用，要求演讲者在有限的时间里做到观察细、感受深、思考准，从而达到对策巧妙的地步。如果没有平日的积极训练和培养是很难做到游刃有余的。

1.演讲出现口误怎么办

演讲时如果出现遗漏或念错词、讲错话的失误，演讲者最好能够悄悄改过，不露痕迹。比如，发现自己漏讲了某一点、某一段，可以随后补上，不必声张；念错某个字词，或讲错某句话，也可以及时纠正，或在第二次出现时纠正。万一听众发现了你的错误，也不要紧，演讲者不妨将错就错，自圆其说。在这方面，表演艺术家有许多成功的经验可以借鉴。

有一次，著名相声演员马季到湖北黄石市演出。在他表演前，有位演员错把“黄石市”说成了“黄石县”，引起了观众的哄笑。到马季登台表演时，他张口就说：“今天，我们有幸来到黄石省演出……”这回听众不笑了，而是窃窃私语，怎么回事，连你也错吗？这时，马季解释道：“方才，我们的一位演员把黄石市说成县，降了一级。我在这里当然要说成省，给提上一级。这样一降一提，哈！就平啦！”几句话博得全场观众热烈的掌声和笑声。马季机智巧妙地圆了场，使演出得以顺利进行。

弹唱家马如飞在一次表演时，不慎将“丫环移步出了房”唱成了“丫环移步出了窗”。听众听后哄堂大笑。马如飞知道唱错了，但他不慌不忙，镇定自如地补上了一句：“到阳台去晒衣裳。”听众一听这巧妙的补白，报以热烈的掌声。谁知一疏忽，他又把“六扇长窗开四扇”唱成了“六扇长窗开八扇”，这时观众不再喧哗了，静静听着他如何补漏。马如飞依然不慌不忙，他以丰富的舞台经验继续唱道：“还有两扇未曾装。”台下顿时掌声满堂。

演讲者如果出现类似失误，完全可以借鉴这种补救的做法。例如，某同学做演讲时，想用一段诗作为开场白：“浓浓的酒，醇醇的……”但他一上台就念成了酒——将浓浓的漏掉了。他灵机一动，将错就错，干脆将诗改成：“酒——浓浓的、醇醇的……”听众对他的妙改报以热烈的掌声。

2.对听众质疑的处理

在听演讲的过程中，听众根据自己的理解，采取递条子或口头质疑、诘难的方式，向演讲者提出不同的看法、要求和各种疑难问题是很正常的。在这种情况下，演讲者占有较大的主动权。是做答，还是不做答；是离开讲稿另外专门做答，还是结合在演讲的某个部分中做答；是正面作答还是侧面作

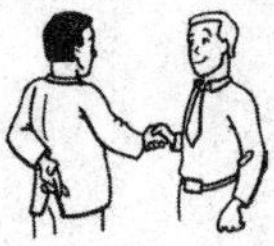

答；是立即作答还是定神思考后作答，都有较大的回旋余地。演讲者可根据演讲的题旨、气氛、环境、时间、与演讲内容相关的程度以及自身的能力等因素酌定。

遇到这种情况，不管是善意质询还是恶意诘难，演讲者首先要保持清醒、冷静的头脑，切忌感情用事，然后采取灵活的应变处置，使演讲顺畅地进行下去。有时甚至可以借宣读纸条或回答口头质疑的时机，进一步激发听众的情绪，把演讲的气氛推向高潮。

有一次，林肯在进行讲演时，台下突然有位不知名的先生递给他一张纸条。林肯打开一看，纸条上赫然写着“傻瓜”两个字。当时，林肯旁边也有很多人也看到了字条上写的内容，他们面面相觑，而后又都盯着总统，看看他将如何处理这次公然挑衅。林肯沉思了一会儿，微微一笑，说道：“我收到过太多匿名信，上面只有正文而没有落款，今天这封信却不一样，只有署名，却没有正文。”话刚一说完，台下知情的观众就为林肯的机智和幽默热烈地鼓起掌来。那位“傻瓜”先生见此情景，混在人群中灰溜溜地走掉了。紧张的会场气氛，顿时轻松了起来，演讲也没有受到任何影响，继续进行。

演讲一般是在比较严肃的公共场合中举行，所以，不管提问者是否出于恶意，一心恋战绝对不会给自己带来什么好处。因此在回答问题时，一定要记得语意含蓄，最好能给观众一个良好的心理感受，为对方留下适当的面子。这样既显示出了演讲者的风度，又可以避免与对方针锋相对，而使演讲正常进行下去。

有时，演讲现场突然发生高声喧哗、听众喝倒彩、扩音器突然发生啸叫、有人突然向你提出质问等。对此，演讲者既要有一定的心理准备，又要学会容忍，场内场外的干扰很快就会自然消逝。即使干扰如高声喧哗、喝倒彩等严重到了影响演讲的程度也不必去指责它，而应该面带微笑，略作停顿，等事情过去，听众又将目光移向你时，再继续讲下去。扩音器发生啸叫，往往是演讲者的手触摸话筒引起的，手离开话筒或调整人与话筒的距离就可以恢复正常。如果有人突然打断你的演讲，并向你提出质问，你要耐心回答，不管对方如何激怒你，你也要保持冷静与克制，切记不可当场与质问者争辩，争辩就会显得你缺少雅量与风度。

在演讲中，意外和突发的事情时有发生，甚至发生时毫无征兆，这就要求我们要有很强的应变能力，能镇定地、巧妙地应对任何突发性困境。

完美收尾，让听众记住你的演讲

结尾是演讲的重要组成部分，是显示一个人演讲艺术的重要环节之一。当一个优秀的演说者退席后，他最后所说的几句话，将会在听众耳边回响，将被保持最长久的记忆。“余音绕梁”即是如此，因此结尾也须精心设计。结尾是走向成功的最后一步，弄得好，能曲终奏雅，给听众留下美好而难忘的印象；弄得不好，会功亏一篑，令人失望和扫兴。因此，在演讲的结尾要努力调动一切积极因素，把听众的情绪推倒最高的浪峰上，使听众情绪激昂、感奋起来，让听众在头脑中出现一个更为强烈的兴奋点，给听众以希望和信心，催听众团结向上，促演讲者的意境和听众的感情得到升华，形成说服和感染听众，并给听众以启迪的强烈效果。

正确结束演讲的方法是多种多样的，没有一种适合于任何特殊情况的通用方法。演讲者可根据自己演讲的具体时间、地点、主题、听者及自己个性等因素，选择适合于自己结束演讲的方法，使之有效地为自己演讲的思想和目的服务。

1.幽默式结尾

在多种多样的演讲结束语中，幽默式可算其中极有情趣的一种。一个演讲者能在结束时赢得笑声，不仅是自己演讲技巧十分成熟的表现，更能给本人和听众双方都留下愉快美好的回忆，也是演讲圆满结束的标志。那么，怎样才能达到这种效果呢？

美国诗人、文艺评论家詹姆斯·罗威尔在1883年担任驻英大使时，在伦敦举行的一次晚宴上发表了一篇名为《餐后演讲》的即席演说。最后他说："我在很小的时候听人讲过一个故事，讲的是美国一个卫理公会的牧师。他在一个野营的布道会上布道，是这样开头的：'信徒们，太阳的运行方式有三种：第一种是向前或是径直的运动；第二种是后退或是向后的运动；第三种即在我们的经文中提到的——静止不动。'（笑声）先生们，不知你们是否明白这个故事的寓意，希望你们明白了。今晚的餐后演讲者首先是走径直的方向（起身离座，做示范）——即太阳向前的运动。然后他又返回，开始重复自己——即太阳向后的运动。最后，凭着良好的方向感，将自己带到终点。这就是我们刚才说过的太阳静止的运动。"（在欢笑声中，罗威尔重又入座）

这种紧扣话题的传神动作表演，惟妙惟肖，天衣无缝。怎能不赢得现场听（观）众的热烈掌声和欢笑声！演讲的幽默式结尾方法是不胜枚举的。关键是演讲者要具有幽默感，并能在演讲中恰如其分地把握住演讲的气氛和听众的心态，才能使演讲结束语收到“余音绕梁，三日不绝”的轰动效应。

2. 诗词式结尾

诗词的气势是使演讲升华的最好工具，因为诗词气势磅礴，气吞山河。在结尾的时候我们适当地引入诗歌会增强演讲的感染力，也给人一种回味无穷的感觉。

英国扶轮社的哈利罗德爵士，在爱丁堡大会上，是这样结束演讲的：

当你们回家之后，有些人会寄一张明信片来给我。就是你们不寄给我，我也要寄给你们每位一张，而且你们会很容易知道是我寄的，因为上面未贴邮票（众笑）。在上面，我要写一些字，是这样写着的：

季节自己来，季节又自己去。
你知道，世间一切都依时而凋谢。
但有一件却永远像露水一般绽放鲜艳，
那就是我对你们的仁慈和热爱。

这段诗正适合他全篇演讲的旨意，因此这段诗就用得非常恰当。

3.号召式结尾

在演讲中，号召式结尾是非常重要、非常有价值的结尾方式。用号召的结尾方法可以鼓动起听众的热情，激发他们采取某种行动的欲望，常见于鼓动色彩较为强烈的演讲中。

一场《新时代的流行色》的演讲，结尾是这样的：

青年朋友们，我们肩负着历史的重托！是千里马，就应该高声长鸣；是龙种，就应该飞腾起舞。当今的世界有着千变万化的流行色，而只有自尊、自信、自强、自立，才是我们精神世界的流行色。我们要争当出头鸟，竞做弄潮儿，把我们的青春、热血、大智大勇，自觉投入到新时代的大熔炉里去，为中华的振兴发光发热吧！

这段结尾，以富于鼓动性的语言，号召广大青年人投身到民族振兴的洪流中去，有号召力，有鼓动力。

4.总结式结尾

在演讲结束时简洁、扼要地对自己已阐述的思想进行总结，帮助听者加深印象。这种结尾用极其精炼的语言，对演讲内容和思想观点作一个高度概括性的总结，以起到突出中心、强化主题、首尾呼应、画龙点睛的作用。

莎士比亚的名著《凯撒大帝》一剧里，伯鲁特司对市民演讲他刺死好友恺撒全是为国为民时，就用了总结全篇的方法。

“临了，我要告诉诸君一声：因为罗马帝国，我不得不刺杀我的好友恺撒，刺死恺撒的便是我，便是这把短剑。假使他日我的行动和恺撒一般，请诸君就用这把短剑来刺我吧！要是大家的行为，也有和恺撒一样的，那么这把短剑，终是不肯饶过你的。请诸君认清这把短剑，请诸君认清卖国贼，认清爱国的好汉。”伯鲁特司的结尾不过短短十几句话，却完全包括了他整个演讲的意思，而且表现出他的热情。

总结式结尾，虽然基本上是在重复已讲过的话，但因强调和突出了中心、重点和主旨，强化了印象，因此，演讲所发出的信息最大限度地进入了听众的心灵。

总结式结尾适用于许多演讲场合，演讲者在演讲结束时，对演讲的内容进行简单的总结，重新梳理内容，目的使听众的印象得到加强。

5.提问式结尾

在演讲结尾时，演讲者向听众提出问题，甚至是一系列的问题，让听众进行思考。这样的结尾方式优点在于能更好地让观众参与到演讲中来，而且让人深入思考，做到以境感人。

“同志们，当听完我的构想以后，也许你会想：你的想法倒挺好，可实现得了吗？说实话，我只是一个平凡的人，不是神，我就是浑身是铁也打不了几个钉，要是光靠我自己，甭说是三年，就是三十年也实现不了。可古语说得好：人心齐，泰山移。如果在座的各位都甩开膀子和我一起干，我敢肯定，不久的将来，梦想定会变成现实！”（热烈掌声）

这位竞聘者在讲完自己的实施方案后，先抓住听众的心理来了一个设问，但他并不急着回答，而是故意用否定的话荡了一个秋千，之后再进行肯定。话语不多但含义颇深。其一，表明了自己的自知之明的态度；其二，说明在一定条件下自己的构想并非是吹牛，从而激发了大家对自己的信任；另外，也含蓄表达了自己对全体听众的信任和自己的决心。

就职演讲，能展示领导者良好的个人形象

就职演讲也可称为就职演说。在公务演说中，就职演说属于最常见的一种。当领导者在就任某项重要职务的时候，都要发表一个演说，来说明自己的责任、行政纲领、功绩和自己要为大众做的事情，提出自己的希望，表示自己的决心。

就职演说的立足点在于它不是一次所谓的庆功讲话，更不是什么结论性的讲话，而是一种面向任期的、展望未来的、充满信心的讲话。而这些特点，我们从一些成功的就职演说中都可以找到。

下面我们来欣赏一下美国第三十二任总统富兰克林·罗斯福首任就职演讲（节选部分内容），并从中认真体会一下就职演讲的语言技巧和艺术魅力。

我确信，全国同胞们正期待着我在就任总统之时，能坦诚而果断地向他们说明我们民族在目前处境下的前进方向。此刻最宜说的是真话，完全坦白而大胆的真话。我们无须退却，而要诚实地面对我们国家今天所遇到的形势。这个伟大的国家将坚持下去，并将获得新生和繁荣。因此，首先请允许我表明自己坚定的信念，即我们唯一所恐惧的就是恐惧

本身——一种无名的、缺乏理性的、没有根据的恐惧，它会把由退却转变为前进所需要的种种努力毁掉。在我们民族生命每个黑暗的时刻，每个坦诚而富有活力的领导人都得到了人民的理解和支持，这本身就是胜利的必要条件。我相信，在这危急的日子里，你们将再次给予领导者以这样的支持。

我和你们都以这样的一种精神来面对我们共同的各种困难。目前的状况是，人们只关心物质的东西，价值观已跌落到难以想象的程度；税收提高了；我们的支付能力降低了；各级政府面临着严重的收入削减；在贸易交往中，交换的手段也被冻结了；工业企业枯萎的落叶随处可见；农民找不到他们的产品市场；成千上万的家庭多年的积蓄用光了。

更为严重的是，一大批失业的人们正面临着严酷的生存问题，同样多的人们则以艰辛的劳动换来少得可怜的报酬。只有愚蠢的乐观主义者才会否认当前这些黑暗的事实。

然而，我们的痛苦不是来自物资的匮乏，我们所遭受的也不是蝗虫的灾害。同我们的祖先曾以信念和大无畏精神所克服的各种灾祸相比，我们仍具有许多值得庆幸之处。大自然仍在施予它的恩赐，而且人们的努力已使之倍增。丰富的物质财富就在我们面前，只是由于对它的大量耗用而使其供给不足了。这主要是由于人类货物交换的支配者因其顽固和无能所造成的失败，他们已承认了自己的失败，并且退了下来。无耻的金钱交易者的行径在公众舆论的法庭上受到了指控，并为人们的心灵和思想所唾弃。

的确，他们已经尝试过，但他们的各种努力总是囿于一种陈腐的传统模式中。面对着信贷破产，他们只是一味地借贷更多的金钱。一旦用

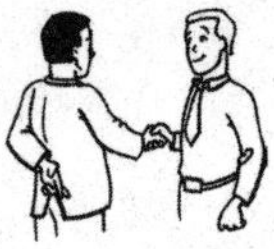

来诱使人们追随他们的谋利的诱惑失效后，他们又来求助于劝导，含泪恳求大家恢复信心。他们只懂得利己主义的那一代人的准则，他们缺乏洞察力，而在没有这种洞察力之时，这个民族也就被毁掉了。

金钱的交易者们已从我们文明殿堂的宝座上逃之夭夭了。我们现在可以恢复这一殿堂以古时的原貌，至于恢复的程度要取决于我们使用比纯粹金钱利润更昂贵得多的社会价值的程度。

幸福并不在于只拥有金钱，而在于取得成就的快乐，在于创造性努力的激动之中。工作的快乐和道德感并不一定就会淹没于对过眼云烟的利润的疯狂追逐中。如果这种黑暗的岁月让我们了解到，我们真正的命运不是被赐予而是自助和帮助我们的同胞的结果，那么黑暗让我们付出的所有代价都是值得的。

我们认识到了物质财富不是成功的标准，与之相应，也必须放弃这样的信念——仅以地位的荣耀以及个人获利的标准来评价公职和政治地位的价值。在银行和企业中也必然会终止一种行为，即过于经常地把神圣的信任交付给冷漠而又自私的不道德行为。少数一些人感到奇怪，信心为何失落了？因为它只有靠诚实、荣誉、责任的神圣和忠诚的守护以及无私的行为才能得以存在，没有了这些，信心就不能产生。

然而，重建所需要的不仅是道德上的变革，这个民族需要的是行动，而且是即刻的行动。

我们最重要的任务是让人们去工作。如果我们明智而勇敢地面对它的话，这并不是一个无法解决的问题。通过政府直接雇工可部分地做到，对待这项工作就像对待战争的紧急状态一样来处理，同时通过这种就业，圆满地完成一些必需的工程项目，它们将刺激和重组我们对自然资源的使用。

在着手进行这项工作的同时，我们必须坦率地承认，我们工业中心的人口是不平衡的，要在全国范围内重新分配劳动力，力图使那些最能善用土地的人们对土地有更好的利用。这个任务能够借助努力提高各种农产品的价格，并且用这种力量购买我们城市的产品来完成。它也可以通过避免小家庭和农场的关闭的悲剧所造成的越来越多的损失来完成。它也能借助于联邦、州和各地政府立即行动起来，大幅度地削减费用来完成。它也能借助于把今天经常是分散的、不经济的和不平等的救济活动结合起来来完成。它也能借助于全国性的规划和监督各种形式的交通运输，以及其他具有明确公共性质的事业来完成。完成这一任务，有许多可以借助的方法，但它绝不能借助空话。我们必须行动，必须迅速地行动。

最后，在我们恢复工作的过程中，我们需要有两种保证，以免旧秩序的邪恶再度重来；必须对所有的银行、信用和投资进行严格的监督；必须禁止用他人的金钱从事投机行为，以及必须提供充足而健全的货币。

着手行动有各条路线。我将在不久召开的特别会议上向新国会力陈实现它们的各种具体措施，而且我要寻求有关各州的立即支援。

……

对于大家寄予我的愿望，我将以时代所需的勇气和忠诚予以回报。我是这样说的，我也会这样做。

在举国团结的热烈气氛之下，我们面对着眼前的艰难岁月，本着纯真的良心去寻找悠久而珍贵的道德价值，从全体人民坚决履行职责中获得一种完全的满足。我们的目标是保证一种圆满而永久的国民生活。

我们对于真正民主的未来并未失去信心。美国人民并未失败。在我们需要之时，他们已经表达出自己的委托，他们要立即有力地行动起来。他们要求有明确的纪律和方向。他们正在把我当作实现自己各种愿望的现实工具。在这种精神的感召下，我愿意做这种工具。

在为这个国家献身之时，我们谦恭地祈求上帝的祝福。希望他保佑我们当中的每一个人，希望他在未来的岁月里指引我。

以上就是1933年富兰克林·罗斯福竞选总统获胜时的就职演讲的部分内容。在这次演讲中，他首先指出美国正处于经济困难时期，有些人丧失了信心，接着表明自己作为总统将如何使经济走出低谷，很大程度上恢复了美国民众的自信心。

就职演讲旨在表明自己的施政纲领、工作态度和奋斗目标，通过演讲，有利于展示领导者良好的工作形象，促使以后工作尽职尽责，恪尽职守，也能给人们以希望和力量。

就职演讲是人们对新任领导的第一印象，所以，就职演讲必须具备以下特征：

1.对症

在就职演讲中，领导者要面对现实生活中最需要解决的问题发表见解，其矛头所指必须是该单位的热点、焦点问题，这样才会引起听者的共鸣。

2.真挚

在就职演讲中，领导者要注入了自己强烈而真挚的感情，这种强烈的感情以适当方式表现出来，必将产生强大的感染力和号召力。

3.简洁

就职演讲必须具有简洁性。领导者要做到主题集中、突出、层次少而有条理，语言准确洗练，使听众一听就能够明白接受。

4.真实

就职演讲要比其他演讲更给人以真实亲切之感。演讲内容要真实，要讲真话，讲实话，不能哗众取宠。

做好就职演讲虽只谈此四个方面，但肯定还有其他方面可谈。无论使用什么方法，领导者都要根据自己的实际情况，扬长避短，灵活运用，讲出自己的真情，讲出自己的个性来。如此，才能取得令自己满意，也令听众欣赏的效果来。

出口成章，领导者要学会即兴演讲

所谓即兴演讲，就是在事先未做准备或准备不充分的情况下，临场因时而发、因事而发、因景而发、因情而发的一种说话方式。

作为领导者，经常出入各种公众场合，很多时候，还要在毫无准备的情况下，在未知的场合说话，这就要求领导者有较强的即兴表达能力。领导者即兴发言水平的高低，在很大程度上反映其说话水平的高低、其领导能力的高低。一个领导者要想树立自己的成功形象，增强自己的领导能力和领导魅力，必须努力提高自己的即兴演讲水平。

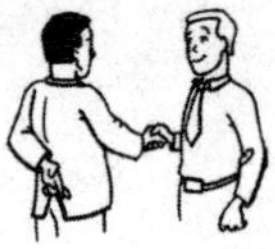

一天，一些企业界和政府高级官员，参加一个制药公司新设立的研究部门的开幕典礼。研究处处长的六名下属相继发表了有趣而又非常成功的演说。

“说得真是太好了，”一位官员对研究处长说，“你的每一位下属都很了不起，是杰出的人才，你为什么不登台讲几句呢？”

“我只能对着自己的脚讲，却不敢在大庭广众面前发表演说。”研究处长不好意思地说。

过了一会儿，主席使他大吃一惊。

“接下来请研究处长讲话，”他说，“听说处长不太喜欢发表正式演说，不过，今天我们还是想听处长说几句话。”

结果非常糟糕，他虽然很勉强地站起来开口说话，但只不过刚讲了一两句，就说很抱歉，不知道再说些什么话了。

他站在那里，一个自己行业里的精明强干的负责人，当他面向群众说话的时候却显得笨拙而又迷惘，狼狈不堪。

即兴演讲的能力是领导者必须具备的一项基本功。它直接反映了领导者的管理水平、思维能力、组织能力及语言表达等综合素质。它要求领导者具有一定的洞察力、应变和快速反应能力，能及时对现场情况进行归纳概括，然后用流畅的语言表达出来。高水平的即兴演讲，对于塑造领导者的形象，融洽领导者和下属的关系，提高管理效能等具有重要的作用。

即兴演讲的特点是由境而发，随机应变，短小精悍。由于即兴演讲具有突然性、临时性和不确定性，所以不少人畏之如虎。其实，即兴演讲作为领导工作中经常使用的一种讲话形式，并非高深莫测，其中还是有一定的技巧和规律可循的。如果能很好运用即兴演讲的技巧，就会取得事半功倍的效果。

1.克服紧张心理

由于事先没有心理准备，很多被要求即兴演讲的领导者走到讲台上时，常会感到紧张，这样就会影响发言的效果。所以，你必须设法很大方很从容地接受那“突如其来”的“任务”，这是最要紧的第一步！一旦上场发言，就应该充满自信，临场不乱，就要能有效地控制紧张心理，从容不迫，沉着应战，能尽情发挥，侃侃道来。不然的话，本能够在公众场作言之有物的即席发言，也会因为紧张，心慌意乱，讷讷无词，表达不好而讲不了两句话就脸红“卡壳”了，只好败下阵来。那么要克服紧张心理，就要有备无患，并且随机应变。

2. 构思要迅速

即兴演讲是一种在特定情境下事先没有准备的临场说话的口语模式，它的特点是即景而发，随机而谈，因此要求发言者要构思迅速。在构思时要确立中心，明确自己的观点和态度。同时，要从实际出发，为发言寻找一个合适的切入点，明确了中心观点以后，最好能举例说明问题，以增强说服力。最后，发言一定要有精彩的开头和结尾。开头最好干净利落，直接入题，可以借当时的场景、情况、会议主题等作为开场白，结尾则要强化发言的主要内容。

3.紧扣主题，选好切入点

主题是即兴演讲的主要、最关键的内容，是整个表达的根本依据。说话中的每一个层次、每一个段落、每一句话语，甚至每一个词都反映一个意思，而这些意思，又都统帅在主题之下。主题一旦确定，便为材料的增删取

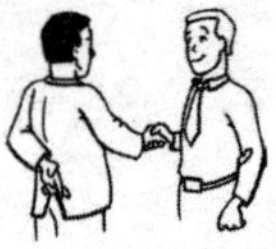

舍创造了条件。表达的主题具有鲜明性、唯一性和凝缩性等特点。因此，即兴演讲时要寻找素材、临场引发，及时提炼出正确而健康、深刻而新颖、典型而突出的主题。

4.语言要简洁

即兴演讲常以简明扼要显出其力度，并以亲切生动的表述给听者留下深刻的印象。但是短小并不是空洞无物，而是要言之有物，言简意赅，力求信息密度大。优秀的即兴演讲常常以简练、含蓄而抒情的语言取胜。

5.讲话要富有鼓动性

富有鼓动性是领导者即兴演讲的一个重要要求。要通过即兴演讲向听众传递信息、表达见解，让听众自觉接受讲话者的观点，引起共鸣。为此，领导者必须注意语言的生动、形象、精粹、有力，或古今中外信手拈来，或诙谐幽默妙趣横生，或娓娓道来沁人心脾，或善用修辞增添力量，或富有哲理给人启迪。

6.以理服人，实事求是

这是即兴演讲的一个基本规则，作为领导者说话要尊重事实，保证自己选用的材料都是确凿、准确，才能获得听众信任，收到预期的效果。应当以事实为依据，特别只在提出批评意见时，才可以令对方心服口服。比如说，某位领导被要求就企业内存在的办事效率不高的问题发表意见，若是他开口闭口“效率不高，办事拖拉”几句空洞的套话反复讲，恐怕很难令对方立刻接受，你这么说有什么依据呢？要是他经过深入的调查，对员工的工作时间，工作完成情况，如单位时间内的工作完成量，平均每人的工作完成量等数据有所了解，简单的几个数字摆在人们面前就足以说明问题了，这样才能“对症下药”，讲到点子上，不用费太多口舌就可以收到事半功倍的效果。

“冰冻三尺，非一日之寒”。即兴演讲的技巧和要求是多方面的。练就临场发挥的水平也非一日之功，领导者要在实践中不断钻研和锻炼，这是提高领导素质和领导艺术的关键，很有实践意义。

演讲口才中常见的禁忌

演讲是一门艺术，对演讲口才的培训，不能只一味地进行正面培训，还要注意演讲中的禁忌。懂得了哪些话不该说，才能使演讲顺利进行。

演讲口才中常见的禁忌有：

1.忌豪言空谈

空谈是言之无物、空空洞洞的表达。现实中那些不结合当时、当地的实际的空头言论太多了。有的单位一年一度的总结会，会议的开幕词用的是陈年的演讲稿，只把第一届改成第二届、第三届或第四届，内容照旧，年年如此，这就是空对空的典型例子。

2.忌杂乱无章

有人的演讲材料过于庞杂，讲起来像开无轨电车，开到哪里，算到哪里，叫人摸不着头绪。还有的不合逻辑，妄加论断；或者不顾事实，主观臆断。上得台来，不问青红皂白，哇啦哇啦一通，这也是某些官僚主义的病症。

3.忌冷漠乏味

有的人演讲时毫无表情，呆若木鸡，甚至肌肉紧绷，脸色铁青。缺乏演讲情趣，语言冷淡，没有抑扬顿挫、真情实感，演讲乏味，如同嚼蜡，叫人怎么不打瞌睡！

4.忌艰涩冗长

有人演讲用的是书面语言，使人感到艰涩难懂。毛泽东曾批评这种现象，说：“一个演说，颠来倒去，总是那几个名词，一套‘学生腔’，没有一点生动活泼的语言，这岂不是语言无味，面目可憎，像个瘪三么？”因此，要尽量避免使用书面用语，更不要“文夹白”，要用口语，善于用简单明了、群众易懂的语言演讲，坚决抛弃晦涩难懂的词语。文章贵短，演讲也应该长话短说。

5.忌失言失态

有的演讲者老带“口头禅”，诸如“啊”、“是吧”、“怎么样”、“那么”，等等。演讲要讲效用，“口头禅”成堆，“啊啊”连篇，让人听了也为他感到难受，只能起消极作用。有的人演讲不了解听众的职务、水平，不注意会议的环境和背景，甚至不顾及本人的身份和在会议上的地位，这就难免在内容、措辞、语气、口吻等方面不妥善、不贴切、不礼貌、不恰当，这是必须加以注意的。

6.忌故弄玄虚

托尔斯泰说：“真正的艺术永远是十分朴素的、明白如画的，几乎可以用手触摸到似的。”

演讲要力求语言通俗化、口语化，如不考虑听众的接受能力，而用那种文绉绉、酸溜溜的语言就既不亲切，又艰涩难懂，往往事与愿违，弄得不好，还会闹成笑话。

随着时代的变迁，人们现在的语言习惯也有了很大的改变。古代的不少词汇已逐步淘汰，弃之不用。如形容人面貌的“面如冠玉”、“樱唇一点”等，如今不会有人再用了。皇帝自称“朕”、“寡人”。称他人为“爱卿”，还有“令尊”、“令堂”、“令爱”之类的称谓，现在再用，就有不合时宜之嫌了。

演讲用文言文的时代早已过去，有的人在演讲中使用文言，卖弄学问，故显高雅，这种以艰涩之词惑众的人，没有市场了。因为用晦涩难懂的话，必须让人费心揣度，势必影响听的效果。而且听众文化素养有很大差别，应该“就低不就高”。所以，对广大群众演讲，更应该明白晓畅，通俗易懂。那种用“请恕冒昧”之类的话就未免是故作“高雅”，听众未必喜欢。

法国大雕塑家罗丹说：“用铅笔画些花样，用色彩涂些炫耀的焰火，或是用古怪的文字写些光彩的句子，这些空头作家，就是世界上最机巧的人，然而艺术上最大的困难和最高的境地，却是要自然地、相互地描绘和写作。”这句话对演讲的语言使用也完全是适用的。

7.忌方言俚语

演讲按照内容的需要，针对不同的对象，应使用不同的语言形式。但要注意，由于我国幅员广大，方言众多，欲使演讲讲通俗易懂，明白晓畅，交流顺当，还有个改变家乡音，推广普通话的问题，否则就会出现语言障碍。因为一个国家语言标准化、规范化的程度，往往反映这个国家的文明程度。在演讲中，应尽量少用或不用方言俚语，免得出现不合时宜的“土相”。

第九章 怎样开会，领导主持会议的语言艺术

开宗明义，说好会议开场白

明快生动的开场白给人的印象是深刻的，能起到先入为主、吸引听众的效果。精彩的开场白往往能像磁铁一样紧紧地吸引住听众，提高整个会议的调子和节拍，增强他们对会议的兴趣。正如俗话所说，良好的开端是成功的一半。

开场白要陈述的内容，包括会议的背景、主题、目的、意义、议程和开法，其语言要简明扼要，条理清晰，语调和表情都要与会议气氛协调一致。

会议开场白不能拖泥带水，既要把开会目的讲明，又要把重点点出，使与会者有思想准备，为领会会议精神打下良好的基础。同时又不能三言两语，草草了事，意不明，言已尽，给人以茫然之感，使与会者不明白会议的议题，失去对会议的兴趣。好的开头可以一下抓住与会者的心，给人以深刻的印象，吸引人们继续听下去。就像看一部引人入胜的电影，开始就兴味盎然，人们自然急于了解下面的情节。

“现在开会了。请××同志做报告，大家欢迎……”“请同志们坐好，现在开会。第一项内容……”这是我们所经历的千篇一律的格式。这样开场陈旧死板，令人生厌。开场白要陈述的内容包括会议主题、目的、意义、议程和开法等是必不可少的，但这绝对不是要囿于程式，不加变通，而是要根据实际，因境制宜，灵活安排。

下面是一篇较为成功的欢迎词的开头，恰与上文中的实例形成对比：

“春来谁作韶华主，总领群芳是牡丹。”古都洛阳迎来了第九届牡丹花会。热情好客的古都人民，诚挚地欢迎外国朋友、港澳台同胞和来自祖国各地的客人光临洛阳！……

主持人的欢迎词真诚感人，令人如沐春风，烘托出喜庆的气氛，遣词又恰到好处，让人感到与当时的场合相吻合而无媚俗之感。

开场白还要尽量避开那种陈旧死板、千篇一律的格式。要根据会议的实际或讲形势，或道特点，或提要求，或讲别处的此时此刻，总之要因境制宜、灵活构思、巧妙设计，让与会者在不知不觉中进入你精心设计的“圈套”。

开场白的任务是把问题清楚全面地向大家介绍清楚，需讲清解决问题的迫切性，以促使大家立即行动。

开场白要陈述的内容，包括会议的背景、主题、目的、意义、议程和开法，其语言要简明扼要、条理清晰、语调和表情都要与会议气氛协调一致。

一般情况下，好的开场白主要有三条：一是直接点题，提纲挈领，要言简意赅地把会议的内容、主题讲清楚。二是借题发挥，调动全场的情绪，营造适宜会议开展的气氛，使与会者兴奋起来。三是运用富有启示性、诱导性的语言，引导全场迅速进入境界，让与会者集中精力。总之，开场白要因境制宜、灵活构思、巧妙设计、出语不凡，让与会者在不知不觉中进入你精心设计的“圈套”。

巧引话题，调节发言时的气氛

作为一名领导者，在某个会议上发言时，如果听众态度冷淡，对你的发言毫无兴趣，甚至呵欠连天的话，这可能是你的发言内容比较乏味，讲话的方式不生动形象所造成的。

发现这些情况之后，你不必着急，可以做一下适当的调整和转换，使自己的语言表达能吸引众人。不过，这种调和转换要力求自然，不能猛然增大自己的音量，也不能突然间转换话题，要有一个过渡。

你可以联系发言内容，讲一个有趣的故事或逗乐的笑话，大家一乐，注意力也就被调动起来了。

与活跃的讨论形成鲜明对照的是无人发言或一部分人毫无反应的现象。无人发言可能是人们对某个问题还似明非明，难以发表看法。你不妨以这样的话语加以点拨："这个问题正面一时看不清，假如反过来看呢？从它究竟有多少弊端的角度看，是否应下决心解决呢？"

当会议出现沉默的时候，领导者也可以试试激将法："老黄，您今天一言不发，看来是想'金杯漱口了'？"旁边可能会有人接口："老黄向来能说会道，今天怎么会甘拜下风呢？"这样一激，老黄还能不一吐鸿论吗？或者你可采用迂回方式引他开口："小张，你一直保持沉默，是不是身体不舒服？"对方可能会予以反驳，你正好顺水推舟："那你就是有不同意见了，说出来让大家听听吗？"有时也可以就某人的发言因势利导，引导大家顺此深入讨论："老郑认为我校提高教学质量的关键，不在于严格考勤、考试上，而在于联系实际改进教学方法，说得很有道理。大家对此议论一下吧！”对老郑是个鼓励，大家讨论也有了方向，会议就会深入一步。

另外，生动的语言对于活跃会议气氛、打破沉默局面，调动与会者情绪具有重要作用。幽默型的领导主持会议，会议气氛一般比较活跃，与会者参与的积极性较高。在主持会议时，适当插入幽默语言，能增强讲话的生动性、趣味性，使与会人员在紧张的会议中获得放松，促使大家在轻松愉快的氛围中完成会议任务。

会议中经常会出现沉闷的现象，这很正常。当一部分人在会议上沉默时，领导者还应当思索沉默的原因，有针对性地采取对策。会议中的沉默通常有以下几种情况：

1.害羞、胆小的沉默

有些人胆小，当他们想在众人面前讲话时，舌头就发紧。不要问一些使人难于回答的直接问题使这种人感到难为情，相反，问一些你认为他们能够回答的问题，例如，有关他们的工作、家庭或他们如何处理某一特殊情况的问题。有机会就表扬他们，拍拍他们的肩膀，帮助他们克服发言时的不安心理。

有的人有较好的意见和看法，但因为某种顾虑而沉默不语。对于这种情况，主持人应想办法打消这些人的顾虑，支持他们发言。有的人怕讲不好，被人讥笑，既想讲又不敢讲，会议主持人要寻找机会鼓励他发言，表示出对他的发言很感兴趣，促使他大胆发言。

2.清高的沉默

如果是与会人员清高、不肯多言而保持沉默，这一类人往往是阅历较深、比较严谨、有自己的见解。他们一方面想表现自己，另一方面又摆出一副清高不凡的架子。对这类人，主持人应该多给他们一些鼓励和尊重，让他感觉到自己的意见很重要。

3.无所谓的沉默

当会议议题与部分人关系不大时，有人会认为议题与己无关，抱无所谓的态度而不愿开动脑筋。会议主持人应采取恰当的方法把他们引导到会议议题上来，促使其思考问题。

4.对立的沉默

这类人要么是对议题有不同意见不想说，要么是对会议主持人有意见不愿说，就会采取不予理睬的态度。主持人应从团结的愿望出发，不计个人恩怨，主动、热情地引导他们发言，以亲切的感情和语气使他们改变态度，并对他们的发言持重视态度，鼓励他们讲出自己的真实看法，对不正确的意见也不要介意。

当然，会议中还有一些出自其他原因的沉默现象。如有的人不吭声是表示同意，有的暂时不表态是想听别人意见后再说，有的人不表态是没有新的意见等，这些情况均属正常，不必在意。

另外，开会时经常出现离题的现象，领导者该怎么办呢？不妨采用下面这几种方法：

一是接过讨论的某句话，顺势巧妙自然地引回到正题上来。你可以说："这是个颇有意思的意见，可这对讨论我们的问题适用吗？"这样可能会使别人察觉到他们离题了，使他们回到讨论的议题上。二是联系议论的某一层意思，将新的话题引入到正题中。三是用一句风趣的话截住议论而引入正题。

对付离题现象的处理绝对不能简单粗暴，而应尽可能采用不影响情绪和气氛的方式，用礼貌的形式提醒发言者。或者，如果可能的话，逐步把较远的讨论与眼前的问题结合起来，可以把大家引回轨道上来。如果还不行，就总结一下到目前为止已经说过的内容。这就会调整其方向，把注意力集中到主要议题上来。

总之，会议局面的展开有赖于领导者的引导能力，但在根本上还在于领导者应具备较好的素质。

善始善终，做好会议总结

做什么事情务求善始善终。会议既然有开头，也就应该有结尾。“虎头蛇尾”会令与会者有草草收场之感，该明确的认识还模模糊糊，该布置的任务也没有落实，结果大家觉得无所适从，一切照旧。通过会议要收到的预想效果没有实现，白白浪费时间做了无用功。好的总结方式可以起到画龙点睛的作用，强化与会者的记忆，统一认识，并再次鼓动大家的情绪，有效提高会议讨论的质量，巩固讨论已取得的成果。

在会议即将结束时，领导者要对会议召开的有关情况及所取得的成果进行简明扼要、全面客观的总结和归纳。对不能确定的或未解决的问题做出解释说明。有的领导者能把会议的有关情况总结得很精炼、很概括、很有高度，让人一听就明白。而有的则不善于总结，对会议的精华把握不准，要么重复别人的话语，要么不着边际随意发挥，既没有深度，也没有高度。

有些领导喜欢在会议结束时说些“你好我好，大家都好”之类的话，以为这样就维护了上下和气的团结局面；或是夸大其词，说什么开了一次团结的会、胜利的会，上下一致，绝无二心；或是动辄上纲上线发一通什么对公司的前途命运具有决定意义之类的陈词滥调，这些只会让人觉得你不实事求是，招致反感，久而久之，对浮夸之风推波助澜，不利于好的会风的形成。其实，在总结时只要从实际出发，有成绩讲成绩，有问题讲问题，不但不会破坏组织团结，还会唤起员工的责任感、使命感，关心组织的存亡发展，形成更强的凝聚力。

会议总结一般可采用如下方法：

1.直叙法

就是简要概括地回顾叙述会议办了哪些事，达成了哪些共识，解决了什么问题，加深与会者的印象。

2.归纳法

就是在简要回顾会议的基础上，对整个会议进行高度归纳、概括。如说：“今天我们学习了×××文件，主要收获是……弄清了以下问题……现在，方向已经明确，路子已经找到，让我们今后在各自的岗位上大显身手吧！”这恐怕是最简单、最普遍的总结方式，清楚易懂，对与会者给予有效的指导。

3.提问法

在会议上，想要一次解决所有问题是大不可能的，也可以用在本次会议中提出而还未得到解决的问题作启发，为下次会议作铺垫。如说：“今天大家提出不少问题，其中‘为什么上班时间网聊之风屡禁不止？’提得很及时很深刻，只是限于时间，今天没有充分讨论。请大家会后广泛收集材料，深入思考，以便下次再议。”解决原有问题，发现新问题，力求工作中更进一步。

4.鼓动法

在对会议作全面总结的情况下，用鼓舞人心的话作总结，对大家提出希望和要求，号召大家为实现某个目标或完成某项任务而努力工作。

会议的总结是详细还是简要，这要根据会议的要求、会议气氛、与会人员、时间安排等情况而定。可以根据上述介绍的一般结构和方法进行调整、完善，灵活掌握。

会议总结应力求客观、符合实际。不要言过其实，随意夸大。对会议的总结，在看到成绩的同时，也要及时、客观地指出存在的问题，提出今后需要努力的方面。会议的总结，往往能起到提醒、强化下属意识的积极作用，所以领导者一定要加以重视。

领导主持会议的语言艺术

主持会议是任何领导都必不可少的工作之一，会议是上下交流的机会，是领导发出信息并接受反馈的机会，是实施管理的主要工具。因此，有效地主持好会议，是领导说话水平的一个重要方面，也是领导的一项基本功。

有的领导认为，会议只不过是一种形式而已，主持会议很容易。其实，这是一种误解。要真正主持好会议，充分调动与会者的积极性，达到预期效果，需要把握好会议的每一个细节和环节。所以，对任何一名领导者来讲，不断研究和提高主持会议的语言艺术，树立一个特定的语言形象是十分必要的。

1. 整理好会议的主题

无论开什么样的会议，都必须事先拟定好一项或几项议题，这是会议的目的、核心和灵魂。会议主持人是会议的“舵手”，要随时把握、驾驭好会议之舟，层次要清晰，逻辑要严密，表达要准确，中心要突出。切不可主次不分，轻重不分，内容庞杂，使听者不知所云，无所遵循。

2.声音洪亮，语调多变

领导者在会议上讲话，要让自己说出的每个字、每句话都传到与会者的耳朵里，这是最为基本的要求。说话声音洪亮，不光是指音量，还包括说话应该有力度，吐字清楚，节奏感强。能在声音中表现出领导的自信以及奋斗的力量。领导讲话如果声音有气无力，语调平铺直叙，就显得缺乏活力。领导者通过语调的变化，能表达出丰富的思想情感和观点，使与会者在思想情感上产生一种共鸣，使自己的讲话有较强的感染力、震撼力。庄重、严肃的会议，要求语调平缓、稳重；欢快、轻松的会议，要求语调轻快、随意。

3. 会议讲话要具有权威性

领导者一般是代表组织或企业讲话，报告的内容重要，影响深远，往往成为听者行为的规范和认识事物的指南，因此说话要具有权威性。再讲到深层次和关键性的问题时，应该做到声音洪亮，速度放慢，语气加重，给与会者留下深刻的印象。如果强调讲话只是重复会议内容，就事论事，不假思索地讲些空话、套话，就会使与会者感到你并不高明，不仅起不到应有的作用，还会影响领导者的形象和权威。

4.会议讲话要通俗易懂

参加会议的人员，不可能都是一个专业领域，会议主持人不能不看对象，不管效果，在讲话中大谈艰深难懂的东西，即使是政策性、专业性、学术性较强的会议，主持人也要用朴实无华、浅显易懂的语言来表达深刻的内容，把深奥的道理浅显化。通俗易懂的语言不但让人听得不吃力，还会给人一种亲切朴实、平易近人的感觉，能缩短主持者同与会者的距离。

5.经常进行简短概括

简短概括如同在比赛场上翻动记分牌，能让与会者或受到会议的节奏。同时也有助于澄清分歧点，引起与会者注意。主持人的简短概括应限制在半分钟内。及时地概括、评论是占一些时间，但不会影响会议进程，相反，通过简短概括，你为与会者树立了一个珍惜时间的榜样。你在直接推动讨论向制定正确的解决方案挺进。

6.会议讲话应准确生动

会议主持人置身于一个同与会者面对面的语言表达环境，并且除传达文件外，通常不易用书面文稿照本宣科。因此，如果说得不分场合，不合身份，或政策精神把握不准，就会言不达意。而如实地、恰如其分地反映客观事物的实际情况，用简介精炼的语言，则给人以启迪，给人以鼓舞。

7.善于调动听众情绪

针对不同的会议，把听众的情绪鼓动起来，刺激听众的兴奋点和注意力，是领导者主持会议过程中充分发挥评议艺术特色的一个重要课题。要因会制宜，在语言的运用上赋予不同的感情色彩，譬如在庄严的会议上，语言应注意严肃性、规范性；在欢庆会上，语言则应热烈喜庆；在工作部署会上，语言应清晰、准确、明快；而动员、誓师会上，语言就必须富有鼓动性，以提高人们的决心与信心、干劲和勇气。不同的语言，应和不同的会议、不同的气氛相配合、相一致。

8.善于打破会议上的冷场

领导者在主持会议的时候，能顺利打开局面，打破会场上的沉默，引导会议朝预想的方向发展，这是与领导者认识水平和良好的思维能力密不可分的。领导者虽然要有“唯我独尊”的威仪，但在方法上要注意灵活多变。在会议上要善于提问，积极引导，使会场呈现上一种生动活泼、毫不拘束的局面，才有可能从各种不同角度、不同侧而发现问题、提出问题、分析问题、解决问题。

9. 做好会议的总结工作

会议总结是会议主持者对会议情况的归纳性陈述，是主持者对会议的画龙点睛之笔，关系到会议能否开得同满成功，关系到会议质量的高低。领导者作会议总结发言，应尊重事实，一分为二，既充分肯定成绩，又指出不足之处，尤其要对今后努力的方向和奋斗目标予以强调。总结应力求客观、符合实际。不要言过其实，随意夸大。对会议的总结，在看到成绩的同时，也要及时、客观地指出存在的问题，提出今后需要努力的方面。会议的总结，往往能起到提醒、强化下属意识的积极作用，所以领导者一定要加以重视。

以恰当的语言正确引导会议

会议在研究讨论问题时，出现偏离主题、意见分歧、无谓争辩等现象，都是很正常的。要使会议顺利进行，达到预期目的，离不开主持者的正确引导。这个过程能够充分显示主持者知识水平、应变能力、领导艺术。会议主持人要善于提问，积极引导，能够从不同角度、不同层面上发现和提出问题，让大家进行深入思考。正确引导会议，需坚持做到以下几点：

1.学会倾听

真正耐心听取别人发言，是充分发扬民主、集思广益、尊重别人的具体体现。兼听则明，主持者要创造条件让大家讲话，即使是刺耳的话也要让人讲完，不满的牢骚话也要让人发泄，不要随意打断别人的发言，除非他的发言又偏又长。革命导师列宁，就非常注意倾听别人发言，他在听别人发言时，总把食指放在耳边，集中精力倾听每一个细节，倾听其中的每个观点和意见。甚至在对问题已经有了一定的看法以后，仍然善于听取别人的意见。

2.学会劝说

在研究工作、讨论问题时，当与会者不同意你的意见时，主持人应以理服人，切实拿出令人信服的论据来证明自己的观点，说服对方改变态度。要摆事实，讲道理，运用大量可靠的事例、数据来说服人。要学会克制，避免同与会人员发生争执，不要强迫他人接受自己的看法，更不要炫耀自己，应心平气和地讲道理，不能冲动、发怒。在意见不统一的情况下，应搁置再议，不可盲目决策。

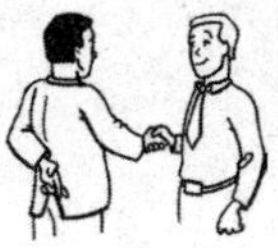

3.学会归纳和提炼

不同的意见并不一定都是错的，赞同的意见也不一定都对。主持者应善于对各种意见进行比较、鉴别和综合分析，正确集中大家的意见，并从诸多意见中，归纳、提炼出合理的正确的部分，从更高层次上形成和完善自己的观点。这样，即使原来持不同意见的人，也会在心理上产生认同感，从而能够接受你的意见。

4.把握好表态的火候

主持者的表态、发言、插话等，是会议进程的调节器，也是影响会议成败的重要因素。有经验的主持人，一般不轻易表明自己的态度，而是在多数人的发言符合自己的意图之后，或在少数人意见与自己的意图相悖时，才以平静商讨的语气表明自己的态度或阐述自己的观点。

5.学会插话

主持人要善于插话。精彩恰当的插话，不仅能活跃会议气氛，引起与会者听讲的注意力，还能起到画龙点睛、升华主题的作用。如果突兀生硬、无关痛痒、不合时宜地插话，则会画蛇添足。插话是利用当时的语境，针对发言者表达的内容，在其表达过程中插入适当的词句，表示赞同、附和或反对，起补充、调节作用，达到调节会议氛围、推进会议进程的目的。因此，插话一定要选好“插缝”，把握时机。有的领导在插话时不大注意选择时机，只是觉得自己有话想说，憋不住，不管该说不该说，得到机会就往外倒。这样不但起不到补充作用，反而会冲击正常的发言，使发言人不知所云，听众也会产生逆反心理，觉得“你老是打断别人的话，我们到底听谁的呢”，给人一种不尊重人的感觉。所以，插话一定要选准机会，只有到了不补充几句不足以说明问题的时候再去插话。插话更要插到点子上，插话插不到点子上，就会引起听众的反感，认为你多此一举。插话时首先要考虑好话题，所要插的话必须是会议精神的组成部分，是主讲人没有讲够、讲全、讲透的内容。插话一定要准确、精炼。插话水平高低，是否精彩，不在于说话长短，话虽不多，但条理清晰，切中要害，一言九鼎，就会收到好的效果，不然便会适得其反。插话要顺其自然，切合时境，不要刻意雕琢，因词害义，应达到呼之欲出的境界。当然，插话不是重点发言，也不能插得太多，除非是非插不可，否则不要轻易去插。有的领导者往往把握不住自己，尊口一开就滔滔不绝，把话头扯得老远，淹没了会议主题，干扰了正常发言，喧宾夺主，使主讲人处于难堪的境地。更有的领导插话成瘾，逢会必插，别人一讲，他就插话，似乎不插话就不能显示自己的水平，殊不知恰恰降低了自己的威信。主持会议还是少插话为妙。

怎样应对会议上的特殊人物

有句俗话叫作“人上一百，形形色色”。人各有其情，各有其性。言辞表达的内容和方式要因人而异，符合接受对象的脾气性格，才有可能产生“同声相应，同气相求”的效果。正所谓“到什么山唱什么歌，见什么人说什么话”。同样的道理，在主持会议时，领导者也要学会因人而异，讲究“求神看佛，说话看人”。

有人把会议桌上最难应付的人分成10类，先看人再说话，见什么人说什么话，这和孔子的“因材施教”有异曲同工之妙。

1.喜欢议论的人

必要时对其采取质问的态度，要认真准备与他进行一番辩论。质问当然要问自己关心的事。

2.坚持己见的人

对付这种人，你可以用具体可靠的数字来反驳他，因为这类人往往只是坚持自己的意见和主张，决不听别人的意见。你也可以联合意见相同者共同作战。

3.抢先说话的人

“对不起！我也想听听别人的意见。”对于抢先说话的人，领导者可以采取这种明显表示阻止的方法。

4.打破砂锅问到底的人

这种人问起问题来，往往不顾别人厌倦的反应。对付这类人，领导者应在话题告一段落时，尽快堵住他的嘴，使他把最后的结论说出来。

5.冥顽不化的人

和这种人交涉前，必须预先做好化解其执着态度的工作，如用大多数人的意见说服他。

6.孤僻的人

首先，你要引发他的兴趣，让他谈谈自己最喜欢或最得意的事情。话入正题后，再引出他的看法来。

7.自负的人

这种人爱高谈阔论。领导者不妨冷静下来，听听他的意见，或许能从中吸取一些经验。

8.要面子的人

应避免当面批评这类人，用较婉转、简洁的方式应对，最好采用避重就轻、一笔带过的表现方式，化解僵局，处理问题。如：“这是很宝贵的意见，就让大家都谈谈吧！”

9.腼腆害羞的人

最好让这类人先说话，从谈身边的事情开始，慢慢诱导他谈自己的观点、看法、经验。

10.目光凶恶的人

尽量避免一对一的辩论。尤其是牵涉到利害关系、意见迥异、话不投机的时候，最好不要单独和他交涉，否则，你可能会被他咄咄逼人的目光所慑，招架不住而失利。